Kostenrechnung

Von
Dr. Rüdiger Sturm

R. Oldenbourg Verlag München Wien

Bibliografische Information der Deutschen Nationalbibliothek

Die Deutsche Nationalbibliothek verzeichnet diese Publikation in der Deutschen
Nationalbibliografie; detaillierte bibliografische Daten sind im Internet über
<http://dnb.d-nb.de> abrufbar.

© 2005 Oldenbourg Wissenschaftsverlag GmbH
Rosenheimer Straße 145, D-81671 München
Telefon: (089) 45051-0
www.oldenbourg-verlag.de

Gedruckt auf säure- und chlorfreiem Papier
Gesamtherstellung: Druckhaus „Thomas Müntzer" GmbH, Bad Langensalza

ISBN   3-486-57662-3
ISBN 978-3-486-57662-7
eISBN 978-3-486-70034-3

Vorwort

Dieses Buch will in die traditionelle und moderne Kostenrechnung einführen. In einem Umfang und damit in einer Tiefe, wie es dem Stoffinhalt einer einsemestrigen vierstündigen Vorlesung mit Übungen über dieses Lehrgebiet entspricht. Das Buch richtet sich vor allem an Studenten, aber auch an Praktiker.

Der Stoffinhalt soll im Rahmen eines Lernprozesses vermittelt werden. Die didaktische Aufbereitung soll dazu beitragen, auch Studenten im Selbststudium auszubilden.

Die vorliegende Kostenrechnung wählt eine besondere Form der induktiven Methode. Hinter diesem Konzept steht die Überlegung, dass die Auseinandersetzung mit der Kostenrechnung in folgenden Schritten erfolgen sollte: einer ersten Kontaktaufnahme mit dem System und Instrument betrieblicher Kostenrechnung anhand eines Beispiels, einem tieferen methodischen Eindringen in das System und Instrument, um auf dieser Grundlage Lösungen kostenrechnerischer Fälle entwickeln zu können. Um eine Kontrolle der eigenen Lösungen zu ermöglichen, sind Musterlösungen angefügt. So ist ein in sich geschlossenes Buch entstanden, das lernzielorientiert die Bereiche Grundlagen der Kostenrechnung, Kalkulation, Kostenanalyse und Kostenmanagement abdeckt.

Berlin

Rüdiger Sturm

Inhalt

Abkürzungen und Symbole

AC	Allowable Costs
ΔB	Beschäftigungsabweichung
BAB	Betriebsabrechnungsbogen
BE	Betriebsergebnis
BEP	Break-even-point
Δ	Delta (griech.), Differenz
DB	Gesamtdeckungsbeitrag
db	Stückdeckungsbeitrag
DC	Drifting Costs
DLZ	Durchlaufzeit
E	Erlöse
f	Funktion
f, v...	(z. B.) Index, tiefgestellt
FGM	Fertigungsgemeinkosten
ΔG	Gesamtabweichung
GK	Gemeinkosten
GKV	Gesamtkostenverfahren
GPKR	Grenzplankostenrechnung
GWA	Gemeinkostenwertanalyse
HK	Herstellkosten
HKP	Herstellkosten der produzierten Menge
HP	Hauptprozess
HPKS	Hauptprozesskostensatz
ibL	innerbetriebliche Leistungsverrechnung
K	Gesamtkosten, Gesamtkostenverlauf
k	Stückkosten, Durchschnittskosten
KER	Kurzfristige Erfolgsrechnung
K_f	fixe Kosten
K_i	Istkosten
KLR	Kosten- und Leistungsrechnung
K_{pverv}	verrechnete variable Plankosten

K_{sv}	variable Sollkosten
K_{pf}	fixe Plankosten
K_s	Sollkosten
K_v	variable Gesamtkosten
KS	Kundenskonto
KVP	kontinuierlicher Verbesserungsprozess
k_p	Plankostenverrechnungssatz
lmi	leistungsmengeninduziert
lmn	leistungsmengenneutral
LZKR	Lebenszykluskostenrechnung
MEK	Materialeinzelkosten
p	Stückerlös, Verkaufspreis/Stück
p_{PUGK}	kurzfristige Preisuntergrenze
ΔP	Preisabweichung
PKS	Prozesskostensatz
PRKR	Prozesskostenrechnung
Σ	Summe
q_j	Innerbetrieblicher Verrechnungssatz der Hilfskostenstelle j
SEKF	Sondereinzelkosten der Fertigung
SK	Selbstkosten
SKA	Selbstkosten der abgesetzten Menge
T€	Tausend Euro
TKR	Teilkostenrechnung
TP	Teilprozess
TPKS	Teilprozesskostensatz
ΔV	Verbrauchsabweichung
x	Ausbringungsmenge, Beschäftigung
x_{BEP}	Absatzmenge im Break-even-point, kritische Absatzmenge
x_i	Istbeschäftigung
x_p	Planbeschäftigung

Überblick - Lernziele

Die Kostenrechnung ist ein betriebliches Teilgebiet, das der Erfassung, Bewertung und Zurechnung der Ressourcen- und Leistungsströme im Unternehmen dient. Das Ausmaß der Entscheidungsunterstützung hat sich im Laufe der Weiterentwicklung der Kostenrechnung ständig verändert.

Sie sollen erkennen und darstellen können,

- welche Aufgaben die Voll-, Teil-, Plan-, Prozess-, Ziel-, Lebenszykluskosten-rechnung zu erfüllen haben und wie sie aufgebaut sind,
- wie die kurzfristige Erfolgsrechnung aufgebaut ist und dass der kalkulatorische Erfolg ein wichtiger betriebswirtschaftlicher Indikator ist,
- dass die Kostenrechnung ein wichtiges Informationsinstrument in Unternehmen aller Branchen (Industrie, Handel, Hotellerie usw.) und in öffentlichen Betrieben und Verwaltungen ist,
- wie Führungskräfte die Informationen der Kostenrechnung bei operativen und strategieorientierten Entscheidungen verwenden können,
- dass sich in jüngster Zeit der Schwerpunkt der Kostenrechnung zum Kostenmanagement verlagert hat,
- dass die Kostenrechnung zu den wichtigsten Instrumenten des rechnungswesen-basierten Controlling gehört.

Sie sollen (nachdem Sie das Buch durchgearbeitet haben)

- den Aufbau einer Kostenrechnung in einem Unternehmen entwickeln und
- die Kostenrechnung als umfassendes Managementinstrument einsetzen können.

1 Grundlagen

1.1 Aufgaben

Die Kosten- und Leistungsrechnung (KLR) gehört zum internen Rechnungswesen. Sie ist eine gesetzlich freie, betriebswirtschaftlichen Grundsätzen folgende Rechnung. Die KLR verfolgt den Weg der betrieblichen Produktionsfaktoren im Kombinationsprozess und beschränkt sich auf die zahlenmäßige Erfassung und Durchleuchtung des durch die betriebstypische Leistungserstellung und -verwertung verursachten Wertverzehrs. Die KLR dient der Kalkulation der betrieblichen Leistungen, der Kontrolle der Wirtschaftlichkeit des Betriebsprozesses, der Bewertung der Bestände an Halb- und Fertigfabrikaten, der Bereitstellung von Zahlenmaterial für dispositive Zwecke, der kurzfristigen Erfolgsrechnung.

1.2 Kosten- und Leistungsbegriff

Der Kostenbegriff ist durch vier Merkmale gekennzeichnet: Es muss ein Verbrauch betriebswirtschaftlicher Produktionsfaktoren vorliegen, der betriebsbezogen, betriebsnotwendig und bewertet sein muss. Kosten sind bewerteter betriebsbezogener und betriebsnotwendiger Faktorverbrauch (Güterverbrauch).

Von dem in Theorie und Praxis vorherrschenden wertmäßigen Kostenbegriff zu unterscheiden ist der pagatorische Kostenbegriff. Danach werden Kosten als betriebsbezogene Faktorausgaben (ital. pagare = zahlen) definiert.

In der Umgangssprache wird das Wort·„Unkosten" verwendet. Da sich eine wirtschaftswissenschaftliche Erklärung dieses Begriffs nicht findet, bleibt nur die Möglichkeit einer rein sprachlichen. Die Vorsilbe „un" tritt in zweierlei Bedeutung auf. Einerseits kann „un" als Substitut für „nicht" und „kein" verwendet werden. Durch das Hinzufügen der Vorsilbe „un" wird das Wort in seiner Bedeutung in sein Gegenteil verkehrt. Spricht man von Unglück, so kann davon ausgegangen werden, dass es sich hierbei nicht um irgendeine besondere Form von Glück handelt, etwas Unangenehmes ist in der Regel nicht angenehm, unschön steht eher für hässlich, ungenau für nicht genau. Das „Un" in seiner zweiten Bedeutung spiegelt eine subjektive Empfindung wider. Indem man vor bestimmte Worte die Silbe „un" setzt, können diese eine semantische Steigerung erfahren. Eine Unmenge Papier ist eine besonders große, unüberschaubare Menge Papier, eine Unzeit ist eine unpassende Zeit, ein Unwort ist ein als besonders negativ empfundenes Wort. Ab welcher Höhe Mengen zu Unmengen, Kosten zu Unkosten werden, muss dabei dem Einzelnen überlassen bleiben. Es ist ein ungenauer Begriff. Wird jemand aufgefordert, einen Unkostenbeitrag zu leisten, dann sind dies keine Nicht-Kosten und in der Regel keine inakzeptabel hohen Kosten. Nach betriebswirtschaftlichen Anforderungen ist der Begriff unbrauchbar. „Unkosten" ist kein Begriff der Fach-, sondern der Umgangssprache.

Die Kosten lassen sich nach verschiedenen Gesichtspunkten einteilen: Nach der Art der Kostenerfassung in aufwandsgleiche und kalkulatorische Kosten, nach der Art der verbrauchten Produktionsfaktoren in Arbeits-, Werkstoff-, Betriebsmittel- (Kapital-), Fremdleistungs- und sonstige Kosten, nach den betrieblichen Funktionen in Material-, Fertigungs-, Vertriebs- und Verwaltungskosten, nach der Zurechenbarkeit der Kosten auf Kostenstelle und Kostenträger in Einzel- und Gemeinkosten, nach dem Verhalten der Kosten bei Beschäftigungsschwankungen in fixe und variable Kosten, nach der Art der Herkunft der Kostengüter in primäre und sekundäre Kosten, nach dem Sachumfang der verrechneten Kosten in Voll- und Teilkosten, nach dem Zeitbezug der verrechneten Kosten in Ist-, Normal- und Plankosten, nach dem Kostengefüge in Gesamt-, Stück- und Grenzkosten. Der Überblick der Kostenarten spiegelt die Vielfalt der Kosten im Wirtschaftsleben wider. Praktisch weisen bestimmte Kostengüter gleichzeitig mehrere Merkmale auf.

Der Gegenbegriff zu Kosten ist Leistung. Leistung ist bewertete Güterentstehung. Die Leistung lässt sich nach verschiedenen Kriterien einteilen: Nach der Branche in Sach- und Dienstleistung, nach dem Empfänger in innerbetriebliche Leistung und Absatzleistung, nach dem Ort der Entstehung in Entwicklungs-, Reparatur-, Hilfsstellen-, Lager-, Verkaufsleistung.

Erst in der Gegenüberstellung von Sollkosten und Istkosten sowie von Kosten und Leistungen kann der betriebliche Umsatzprozess aussagefähig gestaltet werden. Sollkosten und Istkosten bilden die Ebene der Wirtschaftlichkeit, Kosten und Leistungen bilden die Ebene des Betriebserfolgs.

Mittel zur Aufgabenerfüllung der Kosten- und Leistungsrechnung sind die Kostenrechnungssysteme (Voll-, Teil-, Plan-, Prozess-, Ziel-, Lebenszyklus-, Umweltkostenrechnung) und die kurzfristige Erfolgsrechnung. Dabei werden traditionelle datenorientierte Kostenrechnungssysteme (vor allem Vollkostenrechnung) und moderne strategieorientierte Kostenrechnungssysteme (wie Prozess-, Zielkostenrechnung) unterschieden. Man spricht auch von einer Entwicklung zur entscheidungsorientierten Kosten- und Leistungsrechnung (wie Teil-, Lebenszykluskostenrechnung). In der entscheidungsorientierten Rechnung kommt es in erster Linie darauf an, maßgeschneiderte Zahlen für eine ganz bestimmte Entscheidung zur Verfügung zu stellen.

1.3   Rechnungsgrundsätze

Um die Kosten- und Leistungsrechnung erfolgreich durchführen zu können, müssen einige wesentliche Grundsätze (Anforderungen, Prinzipien) beachtet werden. Bei der Kostenerfassung sind es: Vollständigkeit (nicht erfasste Kosten führen zu Ungenauigkeiten), Einmaligkeit (mehrfach erfasste Kosten führen zu Ungenauigkeiten), Genauigkeit (Kosten müssen rechnerisch richtig erfasst und verarbeitet werden), Aktualität, Stetigkeit (Wechsel der Erfassungs- und Darstellungsformen mindert die Kontrollfähigkeit), Wirtschaftlichkeit (alle Erfassungen und Verrechnungen sind unter dem Gesichtspunkt der Wirtschaftlichkeit abzuwickeln; das Bemühen um eine möglichst vollständige, genaue und aktuelle Kostenerfassung und –verrechnung findet dort ihre Grenze, wo die zusätzlichen Kosten größer sind als der damit verbundene zusätzliche Nutzen; ein Unternehmen wird sich eine Kosten- und Leistungsrechnung nur leisten, die mehr an Erkenntnissen bringt als sie kostet). Bei der Kostenverrechnung sind zu beachten: Verursachungs- und Kausalitätsprinzip (es ist die dominierende Grundregel der Kostenzurechnung und beruht auf der Vorstellung, dass jeder Faktorverbrauch durch die Leistungserstellung verursacht wird; danach sind Kosten jeweils nur solchen Bezugsgrößen zuzurechnen, zu denen eine Kausalitätsbeziehung im Sinne von Ursache und Wirkung besteht, wie z. B. die Zurechnung von variablen Kosten auf ein Produkt; werden fixe Kosten auf ein Produkt verrechnet, entspricht dies einer Abweichung des Verursachungsprinzips im Sinne einer Durchschnittsrechnung), Tragfähigkeits- bzw. Deckungsprinzip (es kann ergänzend zum Verursachungsprinzip angewandt werden, wenn eine Verrechnung von Kosten auf eine Bezugsgröße erfolgen soll, ohne dass eine Kausalität vorliegt; die Bezugsgröße kann entsprechend ihrem Wert so viele Kosten tragen, wie sie abdecken kann, z. B. bei der Gegenüberstellung von Deckungsbeiträgen und fixen Kosten), Identitätsprinzip (Kosten sollen nur dann bestimmten Leistungen zugerechnet werden, wenn sich beide auf dieselbe identische Entscheidung bzw. Disposition zurückführen lassen; so sind z. B. die Energiekosten für eine Spezialmaschine, auf der nur ein bestimmtes Produkt gefertigt werden kann, diesem Produkt als Einzelkosten zuzuordnen). Die bei der Leistungserfassung und -verrechnung geltenden Prinzipien sind die gleichen wie bei der Kostenerfassung und -verrechnung.

1.4   Organisation

Die Kosten- und Leistungsrechnung kann in kontenmäßiger und tabellarischer Form durchgeführt werden. Die kontenmäßige Form geschieht mit Hilfe von Konten für Kostenarten, Kostenstellen und Kostenträger. Wird die Kosten- und Leistungsrechnung kontenmäßig (buchhalterisch) durchgeführt, ergibt sich die Frage der organisatorischen Verbindung von Finanzbuchhaltung und Kosten- und Leistungsrechnung. Der Kontenplan, in dem alle im Unternehmen geführten Konten verzeichnet sind, ist auf einen branchenspezifischen Kontenrahmen zurückzuführen. In der Industrie sind der Gemeinschaftskontenrahmen der Industrie (GKR) und die Industriekontenrahmen (IKR) zu unterscheiden.

Der Gemeinschaftskontenrahmen der Industrie integriert Finanzbuchhaltung und Kosten- und Leistungsrechnung in einem einzigen geschlossenen Rechnungskreis (Einkreissystem). Der Gemeinschaftskontenrahmen der Industrie spiegelt in der aufsteigenden Nummerierung der Kontenklassen 0 bis 9 den Prozess der Leistungserstellung und –verwertung wider. Die Finanzbuchhaltung umfasst die Kontenklassen

0 bis 3 sowie 8 bis 9, die Kosten- und Leistungsrechnung die Kontenklassen 4 bis 7. Finanzbuchhaltung und Kosten- und Leistungsrechnung können nicht getrennt und unabhängig voneinander abgeschlossen werden. Dieses Verfahren findet in der Praxis nur in kleineren Betrieben Anwendung.

Im Industriekontenrahmen bilden Finanzbuchhaltung und Kosten- und Leistungsrechnung zwei Rechnungskreise I und II (Zweikreissystem). Jeder Rechnungskreis besitzt einen eigenen Kontenplan und kann unabhängig vom anderen Bereich abgeschlossen werden. Der Industriekontenrahmen reserviert im Rechnungskreis I die Kontenklassen 0 bis 8 für die Finanzbuchhaltung, die Kontenklasse 9 bildet den Rechnungskreis II und ist der Kosten- und Leistungsrechnung vorbehalten. Die Kontenklasse 9 des Industriekontenrahmens ist in sich nach dem Prozessgliederungsprinzip aufgebaut. Das Zweikreissystem wird als Übergangs- und Spiegelbildsystem betrieben; größere praktische Bedeutung kommt dem Spiegelbildsystem zu. Zur Ermittlung des kalkulatorischen Erfolgs übernimmt die Kosten- und Leistungsrechnung als Ausgangsdaten Werte der Finanzbuchhaltung. Die Buchung der übernommenen Werte erfolgt in der Weise, dass ein Konto des Rechnungskreises II (z. B. Kostenstellen-, Kostenträgerkonto) belastet und die Gegenbuchung auf einem besonderen Konto „Betrieblicher Abschluss" bzw. „Betriebliches Abrechnungskonto" durchgeführt wird. Das Konto sichert eine rechentechnisch vollständige Abwicklung nach dem Prinzip der doppelten Buchhaltung. Der Materialverbrauch wird demnach wie folgt gebucht: 93/95 Kostenstellen/Kostenträger an 999 Betrieblicher Abschluss. Beim Abschluss des Rechnungskreises II ergibt sich, dass auf dem Betrieblichen Abschlusskonto die Kosten und Leistungen jeweils auf der entgegengesetzten Kontenseite im Vergleich zur Gewinn- und Verlustrechnung stehen (spiegelbildlicher Ausweis). Um eine jederzeitige Abstimmung zwischen Finanzbuchhaltung und Kosten- und Leistungsrechnung zu ermöglichen, empfiehlt es sich, in der Kosten- und Leistungsrechnung auch die neutralen Aufwendungen und Erträge zu erfassen. Die Praxis bevorzugt das Zweikreissystem auch deshalb, weil für die Finanzbuchhaltung strenge handels- und steuerrechtliche Formvorschriften zu beachten sind, während die Kosten- und Leistungsrechnung nicht derartigen Rechtsnormen unterliegt.

Die Möglichkeiten des DV-Einsatzes haben dazu geführt, dass die Kosten- und Leistungsrechnung heute überwiegend in tabellarischer Form durchgeführt wird. Die DV gestattet ein schnelles Umgruppieren des erfassten Zahlenmaterials, so dass jedem Berichtsempfänger die ihn interessierenden Ausschnitte präsentiert werden können. Die Durchführung der tabellarischen Abgrenzungsrechnung kann nach dem Schema der folgenden Ergebnistabelle erfolgen:

Rechnungskreis I		Rechnungskreis II					
Finanzbuchhaltung		Abgrenzungsbereich				Kosten- und Leistungs-rechnung	
Aufwands- und Ertragsarten		Neutrale Abgrenzung		Kostenrechnerische Abgrenzung		Kosten- und Leistungsar-ten	
Aufwen-dungen	Erträge	Neutrale Aufwen-dungen	Neutrale Erträge	Betriebs-bezogene Aufwen-dungen	Verrech-nete Kosten	Kosten	Leistun-gen
Fibu-Ergebnis		Neutrales Ergebnis = Ergebnis der unter-nehmensbezogenen Abgrenzungen		Kalkulatorisches Ergebnis = Ergebnis aus kostenrechnerischen Abgrenzungen		KLR-Ergebnis	
Gesamtergebnis		Abgrenzungsergebnis				Betriebsergebnis	

Beispiel: Tabellarische Abgrenzungsrechnung

Die Finanzbuchhaltung (im IKR) der Hoch Bau KG weist für den abgelaufenen Monat folgende Daten (in T€) aus:

Konto-Nummer	Konto	GuV-Rechnung	
		Aufwen-dungen	Erträge
5000	Umsatzerlöse		2.256
5710	Zinserträge		45
6000	Materialaufwendungen	997	
62/64	Personalaufwendungen	843	
6520	Abschreibungen auf SA	325	
7800	Spenden	9	

In den Personalaufwendungen sind 13 gezahltes Urlaubsgeld enthalten. Aus der Kosten- und Leistungsabrechnung sind folgende Daten bekannt:

9220 Kalkulatorischer Unternehmerlohn 45

9260 Kalkulatorische Abschreibungen 263

9220 Urlaubsgeld 420 p.a.

Erstellen Sie die Ergebnistabelle.

Lösung:

			Rechnungskreis I		Rechnungskreis II					
			Finanzbuchhaltung		Abgrenzungsbereich				Kostenrechnung	
			Aufwands- und Ertragsarten		Neutrale Abgrenzung		Kalkulatorische Abgrenzung		Kosten- und Leistungsarten	
			Aufwendungen	Erträge	Aufwendungen	Erträge	betriebliche Aufwendungen	Verrechnungskosten	Kosten	Leistungen
Kto. Nr.	Konto	Klasse	6 und 7	5	90	90	91	91	92	92
5000	Umsatz			2256						2256
5716	Zinserträge			45		45				
6000	Material		997						997	
62/64	Personal		843				13	35	865	
6520	Abschreibungen		325				325	263	263	
7800	Spenden		9		9					
9220	Unternehmerlohn							45	45	
	Summe		2.174	2.301	9	45	338	343	2.170	2.256
			+ 127 Fibu-Ergebnis		+36 Neutrales Ergebnis		+5 Kalkulatorisches Ergebnis		+86 Betriebsergebnis	
			+127 Gesamtergebnis		+41 Abgrenzungsergebnis				+86 Betriebsergebnis	

2 Vollkostenrechnung

2.1 Beispiel

Der Verkaufpreis eines Bau-Roboters ist nach folgenden Angaben zu kalkulieren: Materialeinzelkosten 20.000 €, Fertigungseinzelkosten 15.000 €, Materialgemeinkosten 16 %, Fertigungsgemeinkosten 200 %, Vertriebsgemeinkosten 12 %, Verwaltungsgemeinkosten 15 %, Gewinnzuschlag 25 %, Kundenrabatt 10 %.

Lösung:

Materialeinzelkosten	20.000	
+ Materialgemeinkosten 16 %	3.200	
= Materialkosten		23.200,00
+ Fertigungseinzelkosten	15.000	
+ Fertigungsgemeinkosten 200 %	30.000	
= Fertigungskosten		45.000,00
= Herstellkosten		68.200,00
+ Vertriebsgemeinkosten 12 %		8.184,00
+ Verwaltungsgemeinkosten 15 %		10.230,00
= Selbstkosten		86.614,00
+ Gewinnzuschlag 25 %		21.653,50
= Barverkaufspreis		108.267,50
+ Kundenrabatt 10 %		12.029,72
= Nettoverkaufspreis		120.297,22

Merkmale: Kalkulation = Kostenträgerstückrechnung, Vollkostenrechnung = Verrechnung aller Kosten, Verursachungsprinzip, progressive Rechnung = Rechnung folgt dem Betriebsablauf, vielstufiges Verfahren, Zurechnung der Kosten als Einzel- und Gemeinkosten, Zurechnung der Gemeinkosten mittels Prozentsätzen (Zuschlags-, Kalkulationssätzen).

2.2 Gestaltung

2.2.1 Kostenartenrechnung

In der Vollkostenrechnung wird davon ausgegangen, dass das Unternehmen auf Dauer nur bestehen kann, wenn alle Kosten durch die Umsatzerlöse gedeckt sind. Die Vollkostenrechnung verrechnet alle im Unternehmen anfallenden Kosten auf die Produkte (Kostenträger), die ihren Anfall „verursacht" haben.

Der Grundaufbau der Vollkostenrechnung ist durch eine Abfolge der Kostenarten-, Kostenstellen- und Kostenträgerrechnung gekennzeichnet.

In der Kostenartenrechnung werden sämtliche anfallenden Kosten gesammelt. Die wesentlichen Datenquellen der Kostenrechnung sind die Finanzbuchhaltung, die Materialab- und Anlagenrechnung, die Lohn- und Gehaltsabrechnung. Die meisten Beträge werden unmittelbar aus diesen Quellen übernommen als Grundkosten wie Lohn-, Material-, Energiekosten, hinzu kommen die kalkulatorischen Kosten.

Die Kostenerfassung erfolgt in zwei Schritten: Zunächst werden die Verbrauchsmengen ermittelt und dann bewertet.

Die Kostenarten im Einzelnen:

Grundkosten: Zu den Materialkosten (Werkstoffkosten) zählen der bewertete Verbrauch an Roh-, Hilfs- und Betriebsstoffen, Zulieferteilen, Handelswaren sowie Fremdleistungen für eigene Erzeugnisse. Für die Materialkostenrechnung ergibt sich die Forderung, jede Rohstoffentnahme aus dem Rohstofflager so zu erfassen, dass der Kostenträger ersichtlich ist, für den das jeweilige Material eingesetzt wird. Für eine wirksame Kostenrechnung ist daher eine geordnete Lagerbuchhaltung zumindest für das Fertigungsmaterial notwendig. Die Materialentnahmescheine müssen somit mindestens Materialbezeichnung, Mengenangabe, Nummer der Kostenstelle, Nummer des Kostenträgers umfassen. Die Verbrauchsmengen werden nach der Zugangs-, Inventur-, Skontrations-, Rückrechnungsmethode erfasst.

Rechnerisch gilt:

Zugangsmethode: Verbrauch = Zugänge

Inventurmethode: Verbrauch = Anfangsbestand + Zugänge - Endbestand

Skontrationsmethode: Verbrauch = Summe der erfassten Entnahmen

Rückrechnungsmethode: Verbrauch = Stückverbrauch laut Stückliste x fertiggestellte Stückzahl

Für die Bewertung der Materialeinsätze in der Istkostenrechnung wird der Anschaffungspreis, meist der Tagespreis oder Wiederbeschaffungspreis herangezogen. Bei stark schwankenden Preisen ist in der Kostenrechnung der Ansatz eines längerfristigen (periodischen, gleitenden) Durchschnittspreises sinnvoll. In der Kostenrechnungspraxis wird häufig mit Verrechnungspreisen (Festpreisen) gearbeitet. Dadurch wird die Abrechnung vereinfacht und das für die Kostenkontrolle unerwünschte

Schwanken der Preise vermieden.

Zu den Lohnkosten zählen: Fertigungs-, Hilfslöhne, Gehälter, Ausbildungsvergütun-
gen, Personalnebenkosten bzw. Personalzusatzkosten (gesetzliche, tarifliche, freiwil-
lige), (Unternehmerlohn). Fertigungslöhne sind den Erzeugnissen direkt zurechenbar. Beispiel: Ein Arbeiter bearbeitet ein Werkstück 2,5 Stunden an der Drehbank
und erhält dafür 100 € Akkordlohn. Nicht direkt zurechenbare Löhne für Instandhal-
tungsarbeiten, für das Einstellen und Kontrollieren von Automaten usw. bezeichnet
man als Hilfslöhne. Alle Arbeitsvorgänge sind vom Belegwesen (Arbeitszettel) zu erfassen. Neben den Leistungslöhnen (Fertigungslöhne, Hilfslöhne) und den Gehältern
fallen zahlreiche lohnabhängige Zahlungen an (Urlaubslohn, Gratifikationen, gesetzliche Sozialversicherung, Engeltfortzahlung im Krankheitsfall).

Kalkulatorische Kosten sind (als Zusatz- und Anderskosten): Kalkulatorischer Unternehmerlohn, kalkulatorische Miete, kalkulatorische Zinsen, kalkulatorische Abschreibungen, kalkulatorische Wagnisse.

Kalkulatorischer Unternehmerlohn: Angenommen, wir hätten zwei Unternehmen (A
und B) miteinander zu vergleichen. Sie unterscheiden sich lediglich dadurch, dass im
Unternehmen A der Unternehmer selbst (Eigenkapitalgeber), im Unternehmen B ein
Angestellter die Tätigkeit der Geschäftsführung ausübt. Der Aufwand des Unternehmens B ist um das Geschäftsführergehalt höher als der Aufwand des Unternehmens
A. Es hat daher den Anschein, das Unternehmen A wirtschaftlicher arbeitet als Unternehmen B, da es mit einem niedrigeren Aufwand den gleichen Ertrag wie Unternehmen B erwirtschaftet. Um einen solchen Fehlschluss zu vermeiden und die Kostensituation der Unternehmen vergleichbar zu machen, wird im Unternehmen A an
Stelle des nicht gezahlten Geschäftsführergehalts ein fiktiver, rein rechnerischer Kostenbetrag (kalkulatorischer Unternehmerlohn) zu den übrigen Kosten hinzu gerechnet. Ein kalkulatorischer Unternehmerlohn kann nur bei Einzelunternehmen und Per-
sonengesellschaften verrechnet werden bzw. dann, wenn für mitarbeitende Unter-
nehmenseigner kein Lohnaufwand verrechnet wird. Seine Höhe sollte den Bezügen
eines Managers einschließlich aller Nebenkosten entsprechen (Opportunitätskosten).
Kalkulatorische Miete ist der Mietwert für die Inanspruchnahme von privaten Räumen

(und Gegenständen), die der Unternehmer für betriebliche Zwecke unentgeltlich zur Verfügung stellt.

Kalkulatorische Zinsen: Zinsen auf das Fremdkapital werden zu den Kosten gezählt, aber auch Zinsen auf das Eigenkapital sind in die Kostenrechnung aufzunehmen aus der Erwägung, dass die Eigentümer ihr Kapital hätten anderweitig zinsbringend anlegen können. Auch können bei Verrechnung von Eigenkapitalzinsen die Kosten von Unternehmen unterschiedlicher Kapitalstruktur verglichen werden. Bei der Ermittlung des Gesamtkapitals, das als Basis der Zinsberechnung heranzuziehen ist (zinsberechtigtes bzw. betriebsnotwendiges Kapital) geht man von der Aktivseite der Bilanz aus. Nicht betriebsnotwendige Vermögensgegenstände sind auszuscheiden wie betrieblich nicht genutzte Gebäude, Darlehen an Familienangehörige, ferner Kundenanzahlungen, sofern für sie keine expliziten Zinsen gezahlt werden müssen. Die Vermögensgegenstände sind zweckmäßig nicht mit ihrem Buchwert, sondern mit ihrem Tagesbeschaffungs- oder Wiederbeschaffungspreis anzusetzen. Bei der Berechnung der kalkulatorischen Zinsen ist der durchschnittliche oder marktübliche Zinssatz anzusetzen. Das Eigentümerrisiko kann aber auch in den kalkulatorischen Zinsen berücksichtigt werden, indem man den Zinssatz für das Eigenkapital entsprechend höher ansetzt als den Zinssatz für das Fremdkapital.

Zu den kalkulatorischen Wagnissen zählen spezielle Einzelwagnisse wie Bestände-, Fertigungs-, Entwicklungs-, Vertriebswagnis. Die über Fremdversicherungen abzudeckenden Risiken werden in Höhe der gezahlten Prämien als Fremdleistungskosten angesetzt. Als kalkulatorische Kosten werden nur solche Wagnisse verrechnet, die nicht durch Fremdversicherungen abgedeckt sind. Dabei ist man auf Erfahrungswerte bzw. auf Schätzungen angewiesen. Das allgemein nicht kalkulierbare Unternehmerrisiko soll durch den erzielten Gewinn abgegolten werden.
Die kalkulatorischen Abschreibungen sollen die Wertminderung der Gegenstände des betriebsnotwendigen Anlagevermögens während einer Periode erfassen mit den Zielen der Finanzierung der Ersatzinvestition und der Substanzerhaltung des Unternehmens. Der Wertverlust ist durch den nutzungsbedingten und nicht nutzungsbedingten Verschleiß und die technische und wirtschaftliche Überholung verursacht. Der Wertentwicklung soll die lineare, degressive oder progressive Abschreibung ent

sprechen. Kalkulatorische Abschreibungen werden insbesondere bei stabilem Preis-
niveau auf Anschaffungspreisbasis errechnet. Eine Verrechnung auf Tages- oder
Wiederbeschaffungspreisbasis kann zweckmäßig sein. Zur Berechnung der Abschreibungen ist die Führung eines Anlagenverzeichnisses erforderlich, das die benötigten Daten (Anschaffungspreis, Preisindex, Nutzungsdauer, Restwert, Abschrei-
bungsmethode) enthält. Die Anlagegüter, die steuerlich als geringwertige Wirt-
schaftsgüter ganz abgeschrieben werden können, werden in der Kostenrechnung
ordnungsgemäß während der Nutzungsdauer abgeschrieben.

Für die Bewertung der Anlagegüter gibt es keine spezielle Wertkategorie; vielmehr
hängt die Wahl des Preises allein vom Zweck der kalkulatorischen Rechnung ab. In
Frage kommen: Anschaffungspreise (Beschaffungspreise am Tag der Anschaffung),
Tagespreise (Beschaffungspreise am Tag des Verbrauchs), Wiederbeschaffungs-
preise (Beschaffungspreise am Tag der realen Ersatzbeschaffung; praktisch werden
wegen der Unsicherheit über Zeiträume von mehreren Jahren vor allem Wiederbeschaffungswerte im aktuellen Jahr = Wiederbeschaffungswerte im Sinne des Ta-
geswertes verwendet); Festpreise (zur mengenmäßigen Wirtschaftlichkeitskontrolle),
Durchschnittspreise (zur Vereinfachung der Abrechnung), Lenkungspreise (z. B. in
Form von Grenzkostenpreisen zur erfolgsoptimalen Steuerung des Gütereinsatzes),
Opportunitätskosten (z. B. Preis, den das Wirtschaftsgut in der nächstgünstigen Verwendung erzielen würde).

In der Kostenartenrechnung erfolgt noch eine Unterscheidung aller anfallenden Kosten dahingehend, ob sie sich unmittelbar der erstellten Produkte zuordnen lassen
oder ob keine Abhängigkeitsbeziehung besteht in Einzel- und Gemeinkosten. Einzelkosten können dem Kostenträger direkt, d. h. unmittelbar aus der Kostenartenrechnung ohne Zwischenschaltung der Kostenstellenrechnung, zugerechnet werden,
z. B. Einzelmaterial, Akkordlöhne, Sondereinzelkosten der Fertigung und des Vertriebs. Gemeinkosten sind von einer Reihe von Produkten verursacht. Sie werden
zunächst auf die Kostenstellen verrechnet und über deren Kalkulationssätze, also
indirekt, den Produkten zugerechnet. Echte Gemeinkosten können den Produkten
unter keinen Umständen unmittelbar zugerechnet werden, z. B. Kosten der Unter-

nehmensführung, der sozialen Einrichtungen, des Pförtners; unechte Gemeinkosten sind den Produkten theoretisch direkt zurechenbar, z. B. durch einen eigenen Zähler erfasste Stromkosten einer Maschine, werden jedoch aus wirtschaftlichen Gründen über Kostenstellen abgerechnet.

2.2.2 Kostenstellenrechnung

In der Kostenstellenrechnung werden die Gemeinkosten auf die Kostenstellen verteilt, in denen sie angefallen sind. Kostenstellen sind betriebliche Teilbereiche, die kostenrechnerisch selbständig abgerechnet werden - Kostenabrechnungsbezirke -. Kostenstellen werden gebildet nach

1. Funktionen (Tätigkeitsbereichen)
   - in der Industrie in Material, Fertigung (I, II, III), Vertrieb, Verwaltung, Allgemeine Kostenstellen, z. B. Kantine;
   - im Lebensmittelgroßhandel in Einkauf, Lagerung, Verkauf I (Obst und Gemüse), Verkauf II (Tiefkühlkost), Verkauf III (Feinkost), Geschäftsführung, Verwaltung;
   - im Hotel in Beherbergung, Bewirtung, Unterhaltung, Geschäftsführung, Personal;
2. Verrechnungsart
   - in Haupt- und Hilfskostenstellen (End- und Vorkostenstellen).

Technisches Hilfsmittel der Kostenstellenrechnung ist der Betriebsabrechnungsbogen. Der BAB ist eine Tabelle, die vertikal die Gemeinkostenarten und horizontal die Kostenstellen beinhaltet. Die formalen Schritte sind: Zunächst werden die Gemeinkosten aus der Kostenartenrechnung in die linke Spalte des BAB übernommen und von dort nach Verteilungsschlüsseln - verursachungsgerecht - auf die einzelnen Haupt- und Hilfskostenstellen verteilt. Dann erfolgt die Umlage der Hilfskostenstellen auf jene (Hilfs-, Haupt-) Kostenstellen, die die entsprechenden Leistungen empfangen haben. Die Umlage wird so lange durchgeführt, bis alle Kosten der Hilfs- auf die Hauptkostenstellen verteilt sind. Nach Abschluss dieser Verteilung kennt man für jede Hauptkostenstelle die Summe der (primären und sekundären) Gemeinkosten.

Folgende Abbildung zeigt den formalen Aufbau eines BAB:

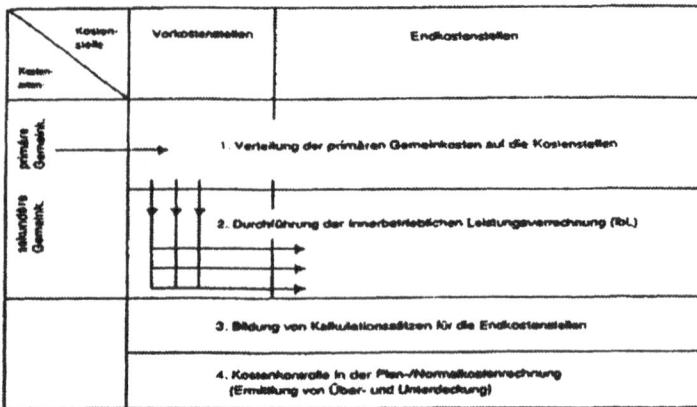

Mit zunehmender EDV-Abrechnung hat die kontenmäßige Verbuchung bzw. kontenmäßige Kostenstellenrechnung an Bedeutung gewonnen. Allerdings kann man sich
auch bei EDV-Abrechnung den BAB als Tabelle ausdrucken lassen.

Neben marktgerichteten Leistungen für den Absatz (Absatzleistungen) werden in
Unternehmen auch Leistungen erbracht, die selbst wieder im Betriebsprozeß eingesetzt und verbraucht werden. Diese Leistungen einer Kostenstelle für andere Be-
triebsteile werden als innerbetriebliche Leistungen bezeichnet. Es sind aktivierungspflichtige und nicht aktivierpflichtige innerbetriebliche Leistungen zu unterscheiden.
Die eigene Erstellung von Gebäuden und Anlagen sowie werterhöhende selbst
durchgeführte Großinstandhaltungen sind aktivierungspflichtige innerbetriebliche Leistungen. Sie werden zu Herstellungskosten (Herstellungsaufwendungen) in der Bilanz aktiviert und entlasten damit die ausführenden Kostenstellen. In der Kostenrechnung werden für diese aktivierten Eigenleistungen während der Nutzungsdauer
kalkulatorische Abschreibungen und Zinsen sowie Instandhaltungskosten angesetzt,
d. h. aktivierte Eigenleistungen werden erst im Laufe ihrer Nutzung kostenwirksam.
Die nicht aktivierungspflichtigen innerbetrieblichen Leistungen werden in der Periode
ihrer Entstehung als Kosten verrechnet. Sie werden wie interner Umsatz behandelt,
d. h. die Kostenstelle enthält eine Gutschrift, die innerbetriebliche Leistungen erbringt, und die Kostenstelle wird belastet, die innerbetriebliche Leistungen in Anspruch nimmt. Den Vorgang der Abrechnung der internen Leistungen bezeichnet

man als innerbetriebliche Leistungsverrechnung bzw. Umlagerechnung. Die Umla-
gen werden als sekundäre Kosten ausgewiesen. Da für jede intern abgerechnete
Leistung die Höhe der Gutschrift mit der Höhe der Belastung(en) übereinstimmt,
bleiben die Gesamtkosten von der innerbetrieblichen Leistungsverrechnung unbe-
rührt. Die Kosten werden lediglich anderen Kostenstellen zugeordnet, insbesondere
werden die Kosten der Hilfskostenstellen vollständig auf die Hauptkostenstellen verlagert. Beispiele für innerbetriebliche Leistungen: Lieferung von Strom, Gas, Wasser
durch eigene Energieversorgungsstellen, Wartung, Inspektion und Reparatur durch
eigene Instandhaltungsabteilungen, Bewirtung der Mitarbeiter durch die eigene Be-
triebskantine, Fort- und Weiterbildung durch das interne Bildungswesen.

Zur Durchführung der innerbetrieblichen Leistungsverrechnung sind vor allem zu unterscheiden: Anbau-, Stufenleiter-, Gleichungsverfahren. Das Anbauverfahren basiert
auf der Unterstellung, dass es zwischen den Hilfskostenstellen eines Betriebes keinen Leistungsaustausch gibt bzw. es lässt solche leistungswirtschaftlichen Verflech-
tungen zwischen Kostenstellen der gleichen Kategorie bewusst unberücksichtigt.
Das in der Praxis vorwiegend in Klein- und Mittelbetrieben angewandte Stufenleiterverfahren bringt die Hilfskostenstellen in eine Reihenfolge und verrechnet die
Kosten einer Hilfskostenstelle sowohl auf die noch nicht abgerechneten Hilfskostenstellen und auf Hauptkostenstellen. Das Gleichungsverfahren ermittelt die exakten
Verrechnungssätze bei gegenseitigem Leistungsaustausch, so benötigt z. B. die Reparaturwerkstatt Strom und die Kraftzentrale Reparaturen. Die Gemeinkosten der
ersten Stelle werden von den (noch unbekannten) zu verrechnenden Kosten der anderen Stellen mitbestimmt. Das Gleichungsverfahren ist ein System linearer Gleichungen, dessen Variablen die gesuchten Verrechnungssätze sind, und dessen Anzahl der Gleichungen mit der Anzahl der Hilfskostenstellen übereinstimmt.

Beispiel: Gleichungsverfahren

In der (Hilfs-)Kostenstelle Dampferzeugung (j_1) werden in der Abrechnungsperiode 900 m³ bei 12.000 € primären Gemeinkosten erzeugt; die Kostenstelle Reparaturwerkstatt (j_2) leistet 120 Stunden bei 4.000 € primären Gemeinkosten. Die Kostenstelle Dampferzeugung gibt 100 m³ an Kostenstelle Reparatur ab und erhält 20 Reparaturstunden von dieser.

Berechnen Sie die innerbetrieblichen Verrechnungssätze (q_1, q_2).

Lösung:

1. Ausgangsgleichungen
   a) $900 \, q_1 = 12.000 + 20 \, q_2$
   b) $120 \, q_2 = 4.000 + 100 \, q_1$

2. Umstellung der Gleichung 1a):
   a) $-20 \, q_2 = 12.000 - 900 \, q_1$
   b) $120 \, q_2 = 4.000 + 100 \, q_1$

3. Addition von Gleichung 2a) und der mit 9 multiplizierten Gleichung 2b):
   a) $-20 \, q_2 = 12.000 - 900 \, q_1$
   b) $1080 \, q_2 = 36.000 + 900 \, q_1$
   c) $1060 \, q_2 = 48.000$

4. Ausrechnen des Wertes von q_2 :
   a) $q_2 = 48.000 : 1060$
   b) $q_2 = 45,28 \, (€/h)$

5. Einsetzen des Wertes von q_2 in Gleichung 1a) und Ausrechnen des Wertes von q_1:
   a) $900 \, q_1 = 12.000 + 20 \times 45,28$
   b) $q_1 = 12.905,6 : 900$
   c) $q_1 = 14,34 \, (€/m³)$

mit

j   = Index der Hilfkostenstellen (j = 1, 2, 3..., n)
q_j = innerbetrieblicher Verrechnungssatz der Hilfskostenstelle j

Die Gleichungen lassen sich allgemein formulieren:
Gesamte Kosten der Kostenstelle j+1 = Primäre Kosten der Kostenstelle j+1
                                    + Sekundäre Kosten der Kostenstelle(n) j+1
wobei

Leistungsmenge von j+1 x Verrechnungssatz für eine abgegebene Leistungseinheit von j+1 = Primäre Kosten der Kostenstelle j+1 + Leistungsmenge von j+1 x Verrechnungssatz für eine empfangene Leistungseinheit von j+1.

Die verschiedenen Verfahren führen zu unterschiedlichen Verrechnungssätzen. Zur Vereinfachung und schnelleren Durchführung werden häufig feste Verrechnungssätze gemäß dem Verrechnungspreisverfahren angesetzt, die über einen längeren Zeitraum konstant bleiben. Es können normale oder geplante Verrechnungssätze verwendet werden.

Die Gemeinkosten sollen nach dem Verursachungsprinzip auf die Kostenstellen verteilt werden. Bei der direkten Verteilung lässt sich aufgrund der Kontierung auf den Kostenartenbelegen genau ersehen, welche Stelle die Kosten verursacht hat (Kostenstelleneinzelkosten), z. B. Abschreibungen, Hilfslöhne. Bei der indirekten Verteilung lässt sich aus den Kostenartenbelegen nicht ohne weiteres ersehen, welche Kostenstelle in welcher Höhe die Kosten verursacht hat. Man muss eine Verteilung mit Hilfe von Umlageschlüsseln vornehmen (Kostenstellengemeinkosten), z. B. bei Mieten und freiwilligen Sozialkosten. Die Genauigkeit der Kostenrechnung hängt wesentlich davon ab, dass es gelingt, bei indirekter Kostenverrechnung die richten Kostenschlüssel als Maßeinheiten der Kosten zu finden. Das setzt voraus, dass die Schlüssel möglichst allen Faktoren proportional sind, die die Kostenrechnung beeinflussen, mit anderen Worten, dass mit Hilfe von Schlüsseln eine Proportionalität zwischen Schlüsselgrößen (Bezugsgrößen, Maßgrößen der Kostenverursachung, Kostenschlüsseln) und Kostenverbrauch angenommen wird. Beispiele für Bezugsgrößen sind die Wertschlüssel Löhne, Gehälter, Materialeinzelkosten, Herstellkosten, Selbstkosten, Wert der Anlagen, des Umlaufvermögens, des Umsatzes, des Erfolgs; die Mengenschlüssel Fertigungs-, Maschinenstunden, verbrauchte, produzierte oder abgesetzte Mengen nach Zahl, Gewicht, Fläche.

Beispiele:

Kostenart	Verteilungsmethode	Verteilungsgrundlage	Verteilungsschlüssel
Gehälter	direkt	Gehaltslisten	Gehalt
Hilfslöhne	direkt	Stempelkarten, Lohnscheine	Lohn
Freiw. Sozialkosten	indirekt	Anzahl der Beschäftigten	€ je Beschäftigten
Betriebsstoffe	direkt	Entnahmescheine	Entnahmeschein
Büromaterial	direkt	Entnahmescheine	Entnahmeschein
Mieten	indirekt	qm	€ je qm
Kalk. Abschreibung	direkt	Werte der Anlagen	Abschreibungsbeträge
Kalk. Zinsen	direkt	Werte der Anlagen	Zinssatz

2.2.3 Kostenträgerstückrechnung

Schließlich rechnen die Hauptkostenstellen ihre Gemeinkosten mittels Kalkulationssätzen auf die Kostenträger (Produkte, Leistungen) ab. Dies geschieht in der Kostenträgerstückrechnung, in der auch die Einzelkosten aus der Kostenartenrechnung den
Kostenträgern direkt zugerechnet werden.

Einen Kalkulationssatz erhält man allgemein aus der Grundbeziehung: Kalkulationssatz der Stelle = Gemeinkosten der Stelle : Bezugsgröße der Stelle. Die für die Stelle
verwendete Bezugsgröße sollte so festgelegt werden, dass sie in einer Ursache-
Wirkungs-Beziehung zu den dort angefallenen Gemeinkosten steht. Sind die Bezugsgrößen Wert- oder Mengeneinheiten, dann erhält man Kalkulationssätze mit der
Dimension €/€ = % oder €/ME.

Typische Bezugsgrößen sind:

Im Materialbereich wird die Abhängigkeit der Materialgemeinkosten von den Materialeinzelkosten unterstellt. Es wird davon ausgegangen, dass ein Produkt mit hohen
Fertigungsmaterialkosten pro Stück den Einkauf, die Materialdisposition und die Lagerhaltung stärker beansprucht als ein Produkt mit geringen Fertigungsmaterialkosten pro Stück. Der Materialgemeinkosten-Zuschlagssatz in % wird ermittelt:

$$\text{MGK-Zuschlagssatz} = \frac{\text{Materialgemeinkosten}}{\text{Fertigungsmaterialkosten}} \times 100$$

Diese Relation kann noch in einen wertabhängigen Teil, z. B. für Zinsen und Versicherungen, und einen mengenabhängigen Teil, z. B. für Manipulationsarbeiten im
Lager, differenziert werden.

Im Fertigungsbereich lassen sich verursachungsgerechte Beziehungen zu den Fertigungslöhnen herstellen, die man in lohnintensiven Stellen als Bezugsbasis wählt.

Der Fertigungsgemeinkosten-Zuschlagssatz in % wird ermittelt:

$$\text{FGK-Zuschlagssatz} = \frac{\text{Fertigungsgemeinkosten}^{*)}}{\text{Fertigungslohnkosten}} \times 100$$

$^{*)}$insgesamt oder aufgeteilt nach Kostenstellen oder Kostenstellengruppen

In mechanisierten und automatisierten Abteilungen verwendet man als Bezugsgröße die Maschinenstunden oder Stückzahlen, differenzierter geht man in der Platzkostenrechnung vor.

Im Vertriebsbereich ist das Verursachungsprinzip schlechter einzuhalten. Als Bezugsgröße werden zuweilen die Herstellkosten der hergestellten Produkte (= Summe aus stückbezogenen Fertigungsmaterialkosten, Materialgemeinkosten, Fertigungslohnkosten, Fertigungsgemeinkosten, Sondereinzelkosten der Fertigung), gewöhnlich die Herstellkosten der abgesetzten Produkte bzw. des Umsatzes gewählt. Grundüberlegung ist, dass die Vertriebsgemeinkosten (für Verkaufsaußendienst, Verkaufsinnendienst, Marketing) für die abgesetzte, nicht für die hergestellte Menge angefallen sind und daher auch auf die abgesetzte Menge verrechnet werden müssen. Die in einer Periode angefallenen Herstellkosten der abgesetzten Produkte berechnen sich wie folgt:

```
=  Herstellkosten der hergestellten Produkte (HKP)
+  Bestandsminderungen an fertigen und unfertigen Produkten (bewertet zu HK)
-  Bestandserhöhungen an fertigen und unfertigen Produkten (bewertet zu HK)
=  Herstellkosten der abgesetzten Produkte (HKA bzw. HKU)
```

Die Herstellkosten der hergestellten Produkte als Bezugsgröße ist für langfristige Durchschnittsrechnungen vertretbar, weil auf lange Sicht die hergestellten und abgesetzten Produkte nahezu identisch sind. Der Vertriebsgemeinkosten-Zuschlagssatz in % wird ermittelt:

$$\text{VtGK-Zuschlagssatz} = \frac{\text{Vertriebsgemeinkosten}}{\text{Herstellkosten der hergestellten oder abgesetzten Produkte}} \times 100$$

In genauen Kostenrechnungen wird weitgehend nach Verkaufsbereichen und Produktgruppen differenziert. So verursachen die einzelnen Produkte, die in unterschiedlichen Abteilungen verkaufsmäßig betreut werden, z. B. unterschiedliche Wer-
be-, Lager-, Verpackungs- und Versandkosten. Im Verwaltungsbereich kann man nur
noch in geringem Maße eine verursachungsgerechte Beziehung zwischen den Verwaltungsgemeinkosten (z. B. Personalabteilung, Buchhaltung) und den Produkten
finden. Als auf dem Durchschnittsprinzip basierende „Hilfs"-Bezugsgröße wählt man
die Herstellkosten der hergestellten Produkte oder die Herstellkosten des Umsatzes.
Der Verwaltungsgemeinkosten-Zuschlagssatz in % wird ermittelt:

$$\text{VwGK-Zuschlagssatz} = \frac{\text{Verwaltungsgemeinkosten}}{\text{Herstellkosten der hergestellten oder abgesetzten Produkte}} \times 100$$

Im Interesse einer verständlichen und einfach durchzuführenden Kalkulation empfiehlt sich, auf die parallele Verwendung von Herstellkosten der produzierten Mengen
und Herstellkosten der abgesetzten Mengen als Bezugsgrößen für Gemeinkostenzuschlagssätze zu verzichten. In vielen Unternehmen werden die im Vertriebs- und
Verwaltungsbereich angefallenen Gemeinkosten zu einem gemeinsamen Zuschlagssatz verdichtet.

Bei der Normalform, wenn Unternehmen mit Einzel- und Serienfertigung vorliegen,
kommt die Zuschlagskalkulation zur Anwendung. Sie geht von der Trennung der Kosten in Einzel- und Gemeinkosten aus. Die Gemeinkosten verrechnet man entweder
als gesamte Gemeinkosten des Betriebes in einem "angehäuften" Zuschlag (summa-
rische Zuschlagskalkulation) oder nach Betriebsbereichen (Kostenstellen bzw. Kostenplätzen) differenziert als Zuschlag auf unterschiedliche Bezugsgrößen (differen-
zierende bzw. selektive Zuschlagskalkulation). Auf der Grundlage der Selbstkosten
kann ein Angebotspreis kalkuliert werden.

Das allgemeine Kalkulationsschema der differenzierenden Zuschlagskalkulation lautet:

Materialeinzelkosten
+ Materialgemeinkosten in %
= Materialkosten
+ Fertigungseinzelkosten
+ Fertigungsgemeinkosten in %
+ Sondereinzelkosten der Fertigung
= Fertigungskosten
= Herstellkosten
+ Vertriebsgemeinkosten in %
+ Sondereinzelkost des Vertriebs
+ Verwaltungsgemeinkosten in %
= Selbstkosten
+ Gewinn in %
= Barverkaufspreis
+ Kundenskonto in % (i. H.)
= Zielverkaufspreis
+ Kundenrabatt in % (i. H.)
= Nettoverkaufspreis

In Abhängigkeit vom Produktionsverfahren sind verschiedene Kalkulationsverfahren zu unterscheiden:

Die Divisionskalkulation ist dadurch gekennzeichnet, dass man die Gesamtkosten des Betriebes oder einzelner Betriebsbereiche - ohne Differenzierung in Einzel- und Gemeinkosten - durch die Produktionsmenge des gleichen Zeitraumes dividiert. Die einstufige bzw. gesamtbetriebliche Divisionskalkulation ist bei Massenfertigung und Fließbandfertigung einheitlicher Produkte anwendbar wie im lagerlosen Elektrizitätswerk und in bestimmten Grundstoffindustrien. Eine Kostenstellenrechnung ist hier aus Kalkulationsgründen nicht erforderlich, aus Kostenkontrollgründen wird man nicht darauf verzichten. Wenn die Bestände an Halbfabrikaten schwanken oder Halbfabrikate verkauft werden, dann müssen Kostenstellen eingerichtet werden, deren Kosten durch die jeweiligen Produktionsmengen dividiert werden. Eine solche mehrstufige Divisionskalkulation (Stufendivisionskalkulation) ist zum Beispiel in Ziegelwerken (Formen, Pressen, Trocknen), in Zementwerken (Steinbruch, Öfen, Zementfabriken), in Eisenwerken (Hochofen, Walzwerk, Stahlwerk, Drahtzieherei) anwendbar. Bestehen Unterschiede zwischen Produktions- und Absatzmengen, dann ist die mehrstufige (zweistufige) Divisionskalkulation ebenfalls anzuwenden. Wenngleich in vielen Betrieben die Divisionsrechnung gesamtbetrieblich nicht angewendet werden

kann, so ist es dennoch oft möglich, die Kosten eines oder einiger Bearbeitungsvor-
gänge beziehungsweise Kostenstellen durch eine Divisionskalkulation abzurechnen.
So werden in der Papierindustrie häufig die Kosten der Holzschlifferzeugung auf die
Menge der erzeugten (und zum Teil vielleicht verkauften) Holzschliffe umgelegt.

Bei Mehrproduktfertigung, wenn es sich um artverwandte Produkte handelt bzw.
wenn die Produkte zueinander in einer festen Kostenrelation stehen (Sortenfertigung), kann die Äquivalenzziffernkalkulation angewendet werden. Die Äquivalenzziffer eines Produktes (Verhältniszahl der Kostenverursachung, Wertigkeitsziffer) gibt
an, in welchem Verhältnis die Kosten eines Produkts zu den Kosten eines Einheits-
produkts mit der Äquivalenzziffer 1 stehen. Beispiele für die Anwendung der Äquivalenzziffernkalkulation sind Brauereien, Ziegeleien, Webereien, Blech- und Draht-
walzwerke, Zigaretten- und Zementfabriken.

Beispiel: Äquivalenzziffernkalkulation

In einer Brauerei werden drei Sorten Weizenbier hergestellt: Kristall, Hefe, Hefe
Light. Im Monat A sind Kosten in Höhe von 50.120 € angefallen. Dabei wurden 1.200
hl Kristall, 1.740 hl Hefe, 400 hl Hefe Light hergestellt. Der Braumeister schätzt, dass
die Herstellung von 1 hl Kristall 1,1 mal und die von Hefe Light 1,3 mal so teuer ist
wie die Herstellung von Hefe. Wie hoch sind die Selbstkosten der Sorten?

Lösung:

Sorte	Äquivalenz-ziffer	Produktions-menge (hl)	Rechen-einheiten	Kosten pro Mengeneinheit (hl)	Kosten pro Periode
Kristall	1,1	1.200	1.320	15,40	18.480
Hefe	1,0	1.740	1.740	14,00	24.360
Hefe Light	1,3	400	520	18,20	7.280
Summe		3.340	3.580		

Kosten je Rechen-
einheit $= \dfrac{50.120}{3.580} = 14$

Die Vorgehensweise vollzieht sich in folgenden Teilschritten: Ermittlung der Äquivalenzziffern für die Sorten (durch technische Analysen, empirische Beobachtungen, Schätzungen), Umrechnung der gegebenen Produktionsmengen auf die Einheitssorte (durch Multiplikation der Produktionsmengen mit den jeweiligen Äquivalenzziffern = Recheneinheiten), Ermittlung der Kosten je Einheit der Einheitssorte (durch Division der Gesamtkosten durch die Summe der Recheneinheiten bzw. äquivalenten Produktionsmengen), Rückrechnung auf die Sorten (durch Multiplikation der Kosten pro Recheneinheit mit den jeweiligen Äquivalenzziffern).

Bei Abweichungen von Produktions- und Absatzmengen werden die Gesamtkosten in Herstellkosten und Verwaltungs- und Vertriebskosten aufgeteilt; die Herstellkosten werden durch die produzierten Mengen, die Verwaltungs- und Vertriebskosten durch die abgesetzten Mengen dividiert (zweistufige Äquivalenzzifferkalkulation). Wenn bei Sortenfertigung die Produkte mehrere Produktionsstufen mit wechselnden Beständen durchlaufen, z. B. in der Brauerei Brauen und Abfüllen, dann werden die Stufenkosten durch die Ausbringungsmengen der jeweiligen Produktionsstufe dividiert (mehrstufige Äquivalenzziffernkalkulation).

Die Kuppelkalkulation ist bei Produktionsprozessen anwendbar, bei denen aus natürlichen oder technischen Gründen zwangsläufig verschiedene Produkte anfallen. So ergibt z. B. die Destillation von Erdöl eine größere Zahl von Erdölprodukten und der Einsatz des Ausgangsstoffes Kohle in Gaswerken neben Gas auch Koks. Da die Kosten für Kuppelprodukte zwangsläufig gemeinsam anfallen, können sie nur mehr oder weniger willkürlich auf die Produkte verteilt werden (Restwert- und Verteilungsmethode).

Mechanisierung und Automatisierung des Fertigungsbereichs verschieben das Kostenverhältnis zugunsten der Fertigungsgemeinkosten. In der Bezugsgrößenkalkulation werden alle Fertigungsgemeinkosten differenzierter verrechnet. Als Bezugsgrößen verwendet man möglichst Mengengrößen wie Akkordzeiten, Maschinenzeiten, Rüstzeiten, Gewichte. Die Fertigungseinzellöhne werden vielfach über die Vorgabezeiten in das Bezugsgrößensystem einbezogen. Bei der Bezugsgrößenkalkulation wird normalerweise pro Kostenstelle nicht nur ein Zuschlagssatz für alle Gemeinkosten der Stelle verwendet, sondern es werden die Zuschläge innerhalb der

Stellen weiter differenziert; man verwendet mehrere Bezugsgrößen für die Gemeinkosten einer Kostenstelle. Beispiele hierfür sind die Unterscheidung der Kalkulationssätze im Materialbereich nach Wert und Menge des Materials oder im Fertigungsbereich nach Kostenplätzen (Platzkostenrechnung) und im Vertriebsbereich
nach Produktgruppen und Verkaufsbereichen.

Die Maschinenstundensatzrechnung ist eine Variante der Bezugsgrößenkalkulation.
Die Maschine wird als eigenständige Kostenstelle eingerichtet, in der neben den rei-
nen Maschinen- auch Raum- und Verwaltungskosten anfallen. Maschinenbezogene
Fertigungsgemeinkosten sind vor allem kalkulatorische Abschreibungen, kalkulatorische Zinsen, Raumkosten, Energiekosten, Wartungs- und Instandhaltungskosten.
Für die Ermittlung des Maschinenstundensatzes werden fast immer Formularblätter
verwendet. Die restlichen, den Maschinen nicht zugerechneten Kosten werden als
Restfertigungsgemeinkosten auf die Fertigungslöhne bezogen und über die Gemeinkostenzuschlagssätze verrechnet.

Beispiel: Maschinenstundensatzrechnung

Für eine neu installierte Werkzeugmaschine soll für den Einschicht-Betrieb der Ma-
schinenstundensatz ermittelt werden. Folgende Daten sind bekannt: Der Wieder-
beschaffungswert wird mit 900.000 € veranschlagt, die geschätzte Nutzungsdauer
wird 6 Jahre betragen, die Abschreibung erfolgt linear. Für kalkulatorische Zinsen
sind nach der Durchschnittsmethode 6 % p.a. anzusetzen. Die Maschine hat einen
Raumbedarf von 100 m², der monatliche Raumkostensatz (Miete, Versicherung, Hei-
zung, Beleuchtung, Reinigung) wurde mit 15 € pro qm ermittelt. Der Strombedarf pro
Maschinenstunde beläuft sich auf 80 kW zum Preis von 0,06 €/kWh. Die monatlichen
Wartungs- und Instandhaltungskosten werden mit 6.250 € geschätzt. Die durchschnittliche Maschinenlaufzeit wird mit 1.420 h/Jahr angegeben.

Lösung:

Kalkulatorische Abschreibung pro Jahr	900.000 : 6	150.000 €
Kalkulatorische Zinsen pro Jahr	450.000 x 6	27.000 €
Raumkosten pro Jahr	15 x 100 x 12	18.000 €
Energiekosten pro Jahr	80 x 0,06 x 1420	6.816 €
Wartungs- und Instandhaltungskosten pro Jahr	6.250 x 12	75.000 €
= Maschinenbezogene Gemeinkosten der Periode		276.816 €

Maschinenstundensatz = Maschinenkosten : Maschinenlaufzeit		194,94 €

2.2.4 Branchen- und funktionsbezogene Kostenrechnung

In Abhängigkeit von Branche und Funktion sind verschiedene Schwerpunkte der Kostenrechnung zu unterscheiden:

In Handelsbetrieben geht die Normalform der Kalkulation vom Einstandspreis der Ware aus. Die übrigen Kosten werden als Gemeinkostensatz und gegebenenfalls als Einzelkosten, z. B. besondere Wartungskosten, verrechnet. Das allgemeine Kalkulationsschema hat folgenden Aufbau:

Listeneinkaufspreis
- Liefererrabatt in %
= Zieleinkaufspreis
- Liefererskonto in %
= Bareinkaufspreis
+ Bezugskosten
= Einstands- bzw. Bezugspreis
+ Handlungskosten
= Selbstkostenpreis
+ Gewinn in %
= Barverkaufspreis
+ Kundenskonto in %
+ Vertreterprovision in %
= Zielverkaufspreis
+ Kundenrabatt in %
= Nettoverkaufspreis

Werden im Handel Waren zu gleichen Bedingungen verkauft, so kann durch einen einheitlichen Kalkulationsaufschlagssatz bzw. –zuschlag auf den Einstandspreis bzw. Bezugspreis in einem Schritt der Nettoverkaufspreis ermittelt werden (Vorwärtskalkulation). Da der Nettoverkaufspreis vom Händler häufig nicht beeinflussbar ist, kann bzw. muss auch retrograd verfahren werden. Ausgehend vom Nettoverkaufspreis

wird durch die Handelsspanne als Differenz zwischen Einstands- und Nettoverkaufspreis und in Prozenten vom Verkaufspreis ausgedrückt, unmittelbar der Einstandspreis errechnet, der höchstens vom Einkauf aufgewendet werden darf (Rückwärts-
kalkulation). In Bezug auf die Mehrwertsteuer ist durchgängig ein Verfahren anzuwenden: Berücksichtigung oder Nichtberücksichtigung der Mehrwertsteuer im Verkaufspreis (und entsprechend Brutto- oder Nettoverkaufspreis). Jeder Aufschlagssatz
kann in den Abschlagssatz bzw. jeder Kalkulationszuschlag in die Handelsspanne
umgerechnet werden und umgekehrt. Die Umrechnungsformeln lauten: Bei gegebenem Aufschlag: Abschlag = (100 x Aufschlag): (100 + Aufschlag); bei gegebenen
Abschlag: Aufschlag = (100 x Abschlag) : (100 − Abschlag). Es gelten z. B. („Span-
nenoptik"): Kalkulationszuschlag (Aufschlag) 50 %, Handelsspanne (Abschlag) 33,3
%; Kalkulationszuschlag 100 %, Handelsspanne 50 %. Bei der summarischen Zuschlagskalkulation werden die Besonderheiten der Kostenstruktur nicht berücksichtigt. Auch sind die Nachteile gleicher Zuschlagssätze offensichtlich, wenn die Ein-
standspreise sehr ungleich sind, z. B. 1 bzw. 1.000 GE. Es ist zu untersuchen, ob
nicht die Anzahl der Verkaufsakte unter Berücksichtigung ihrer Dauer eine geeignete
Verteilungsgrundlage für die Gemeinkosten ist. Eine solche Bezugsgröße wird dann
in Frage kommen, wenn die Mehrzahl der Gemeinkosten durch die Verkaufstätigkeit
(Verkaufsgespräch, Fakturierung usw.) verursacht wird. Ob in einem Modegeschäft
ein Anzug, ein Hemd oder eine Krawatte Gegenstand eines Verkaufsaktes ist, es
wird nach dieser Argumentation jedem Gut ein gleicher Betrag für die Deckung der
Gemeinkosten zuzurechnen sein, falls die Verkaufsakte gleiche Dauer haben. Die
beiden Verteilungsgrundlagen Einstandspreis und Anzahl der Verkaufsakte könnten
auch kombiniert werden. Eine solche Rechnung bewirkt, dass hochwertige Waren zu
niedrigeren Kosten, und billigere Waren zu höheren Kosten ausgewiesen werden, als
in einer Rechnung mit einheitlichem Gemeinkostensatz. Eine genauere Zurechnung
der Gemeinkosten auf Warengruppen kann durch die Einrichtung von Kostenstellen
erreicht werden. Kostenstellen können nach Warengruppen, nach Verrichtungen und
nach räumlichen Gesichtspunkten gebildet werden.

Aufgabe der Vertriebskostenrechnung ist es, die Kosten der angewandten absatzpolitischen Instrumente detailliert zu ermitteln und ihre Abhängigkeit vom Absatzprogramm aufzuzeigen. Zunächst können durch eine detaillierte Kostenartengliede-

rung und Kostenstellenbildung im Vertriebsbereich die Kosten von Vertriebsprozes-
sen (Werbemittel, Versand, Fakturierung usw.) transparent gemacht werden. Es wird
sinnvoll sein, die Vertriebskosten mehrfach zu Absatzsegmenten zuzuordnen, z. B.
betreffen Versandkosten für eine Ware gleichzeitig ein Produkt, einen Kunden und
ein Absatzgebiet. Eine Aufteilung der Kosten in Einzel- und Gemeinkosten wird dadurch erschwert, dass eine bestimmte Kostenposition gegenüber einem Kostenträger
Einzelkostenart sein kann, gegenüber einem anderen jedoch Gemeinkostenart. Kosten für den Versand einer Bestellung an einen Kunden können kundenbezogene
Einzelkosten sein, z. B. Postversand, aber produktbezogene Gemeinkosten, wenn
mehr als eine Produktart gemeinsam versandt wird. In der Regel wird es zweckmäßig sein, den Absatzerfolg segmentmäßig festzustellen bzw. zu kontrollieren.

Aufgabe der Verwaltungskostenrechnung ist es, die Verursachung von Verwaltungskosten besser zu erkennen und verursachungsgerechter auf die Produkte zu verteilen. Zunächst sind für abgrenzbare Verwaltungsprozesse (Buchhaltung, Kostenrechnung, Personalverwaltung, EDV) eigene Kostenstellen mit tiefer Kostenartengliede-
rung zu bilden. Außerdem ist für jede dieser Kostenstellen zu erwägen, ob es nicht
adäquat ist, ihre Kosten im Rahmen der innerbetrieblichen Leistungsverrechnung
nach einem verursachungsgerechten Schlüssel, z. B. Anzahl der Buchungszeilen für
die Kostenstelle Buchhaltung, zu betreuende Mitarbeiter für die Personalverwaltung,
auf die anderen Kostenstellen zu verteilen. Nur die Kosten jener Verwaltungskosten-
stellen, bei denen ein solcher Schlüssel nicht gefunden werden kann bzw. wo eine
Einbeziehung in die innerbetriebliche Leistungsverrechnung unwirtschaftlich er-
scheint, sollten in einen globalen, von den Herstellkosten zu rechnenden Verwal-
tungskostenzuschlag eingehen.

Unter Logistikkostenrechnung ist ein auf die Bereitstellung detaillierter Logistik-
kosten- und Logistikleistungsinformationen gerichtetes Informationssystem zu verstehen. Ein Weg, Logistikkosten transparent zu machen, ist, für bestimmte logistische Aktivitäten eigene Kostenstellen einzurichten (z. B. Lager, innerbetrieblicher
Transport, Fertigungssteuerung). Ist dies für bestimmte logistische Aktivitäten nicht
zweckmäßig, können deren Kosten durch eine entsprechend tiefe Kostenartengliede-
rung transparent gemacht werden, z. B. mag es nicht zweckmäßig sein, eine eigene

Kostenstelle für Rüstkosten einzurichten. Dann können aber die durch den Rüstvor-
gang verursachten Personalkosten und eventuell auch sonstigen Kosten in den Fertigungskostenstellen gesondert ausgewiesen werden. Auch eine Mehrfachzuordnung
von Logistikkosten ist möglich. So könnten Rüstkosten sowohl in den betreffenden
Fertigungskostenstellen als auch in einer Logistikkostenstelle erfasst werden.

2.3   Beurteilung

Die Vollkostenrechnung ist das historisch gesehen erste Kostenrechnungssystem,
das die vernetzten Komponenten Kostenarten-, Kostenstellen-, Kostenträgerrechnung umfasst. Sie ist durch das Verursachungsprinzip geprägt. Alle Kosten werden
anteilig auf diejenigen Produkte und Leistungen umgelegt, die ihren Anfall "verursacht" haben. Die Hauptkritik an der Vollkostenrechnung betrifft die Gemein-
kostenschlüsselung und die Fixkostenproportionalisierung, die in der Regel nicht
verursachungsgerecht vorgenommen werden können. Daraus resultieren u. a. Ge-
fahren für preispolitische Entscheidungen, z. B. die Gefahr des "Sich-aus-dem-Markt-
Kalkulierens", indem Produkte, die unterbeschäftigte Stellen durchlaufen, mit hohen
Gemeinkosten-Zuschlagssätzen belastet werden, dass Verkaufsabteilungen nicht in
der Lage sind, den Anteil der für kurzfristige Entscheidungen nicht relevanten Kosten
an den Selbstkosten zu bestimmen. Für kurzfristige Anpassungsentscheidungen sind
die ermittelten "Selbstkosten" unbrauchbar. Das ihr zugrundeliegende Kostenrech-
nungsprinzip erweist sich allenfalls für längerfristig wirksame Entscheidungen als
tragfähig.

2.4   Aufgaben Nr. 1 bis 5

1   Eine Maschine wird zu Beginn des Jahres 2002 zu 100.000 € angeschafft. Sie
     soll fünf Jahre genutzt werden. Der Restwert entspricht den Abbruchkosten. Der
     Preisindex für Maschinen dieses Typs beträgt für Ende 2002 und 2003 100 %,
     Ende 2004 105 %, Ende 2005 110 %, Ende 2006 105 %.

     a)   Wie hoch sind die kalkulatorischen Abschreibungen auf Tagespreisbasis in
          den Jahren 2002 bis 2006?

b) Welche kalkulatorischen Abschreibungen sind zu verrechnen, wenn sich am Ende des vierten Jahres (2005) herausstellt, dass die Maschine noch einen Wert von 45.000 € hat und noch drei weitere Jahre genutzt werden soll?

c) Welche kalkulatorischen Abschreibungen sind anzusetzen, wenn man bereits nach drei Jahren feststellt, dass die Maschine für das Unternehmen nur noch Schrottwert besitzt?

2 Gegeben ist folgende Tabelle (vgl. Haberstock, Grundzüge, 1982, 90):

Kostenstellen / Kostenarten	Summe	Kraft-zentrale	Gebäude-verwaltg	Material-stelle	Fertigungsstellen I	II	III	Meister-büro	Ver-waltung	Vertrieb
1. Einzellöhne	11.250				4.250	1.200	5.800			
2. Einzelmaterial	31.000									
3. Hilfslöhne	6.200	100	300	300	1.700	1.100	1.700	40	150	810
4. Überstd.-Zuschläge	500	10	-	60	250	-	90	-	-	90
5. Gehälter	3.300	200	200	400	-	-	-	350	1.250	900
6. Sozialkosten	4.100	120	180	250	800	620	1.140	160	300	530
7. Reparaturen	1.100	-	310	80	120	40	230	-	60	260
8. Betriebsstoffe	600	260	40	20	50	80	60	-	30	60
9. Kalk. Abschreibungen	4.200	140	550	80	800	1.300	800	10	120	400
10. Kalk. Zinsen	900	30	140	20	150	280	150	2	40	88
11. Summe Gemeinkosten	20.900	860	1.720	1.210	3.870	3.420	4.170	562	1.950	3.138
12. Umlage Kraftzentr.			120	80	150	220	200	-	-	90
13. Umlage Gebäudeverw.				350	520	180	130	20	230	410
14. Umlage Meisterbüro					146	145	291			
15. Summe Gemeinkosten	20.900	-	-	1.640	4.686	3.965	4.791	-	2.180	3.638
16. Zuschlagsgrundlage				31.000	4.250	1.200	5.800		57.332	
17. Ist-Zuschlag				5,29%	110%	330%	82,6%		10,14%	
18. Normal-Zuschlag				5,10%	120%	339%	84,2%		9,22%	
19. Verrechnete Gemeink.				1.581	5.100	4.068	4.884		5.286	
20. Über-/Unterd. absolut				- 59	+414	+103	+93		- 532	
21. Über-/Unterd. in %				3,73%	8,12%	2,53%	1,90%		10,06%	

a) Erläutern Sie kurz Ziele, Aufbau und methodische Vorgehensweise der tabellarischen Darstellung.

b) Wie werden die Einzelkosten in der tabellarischen Darstellung behandelt?

3   In der Hilfskostenstelle Strom werden in der Abrechnungsperiode insgesamt 50.000 kWh erzeugt; dafür sind 1.250 € an primären Gemeinkosten angefallen. In der Hilfskostenstelle Reparatur werden in der Abrechnungsperiode insgesamt 2.000 Reparaturstunden geleistet; dafür sind 10.000 € an primären Gemeinkosten angefallen. Die Stromstelle liefert 5.000 kWh an die Reparaturstelle und verbraucht 100 Reparaturstunden; die Reparaturstelle ist also 100 Stunden für die Stromstelle beschäftigt und verbracht 5.000 kWh. Alle anderen kWh und Reparaturstunden werden an Hauptkostenstellen abgegeben.

Ermitteln Sie die innerbetrieblichen Verrechnungspreise q_1 (Strom) und q_2 (Reparatur) nach dem Gleichungsverfahren.

4   Eine Maschinenfabrik produziert serienmäßig Motoren. Zur Herstellung eines Motors wird laut Materialentnahmeschein Fertigungsmaterial für 7.500 € in 20 Fertigungsstunden a 58 € verbraucht. Die Materialgemeinkosten betragen 70 %, die Fertigungsgemeinkosten 220 %. Die Produktion der Motoren ist mit einer stückgebundenen Lizenzgebühr (Sondereinzelkosten der Fertigung) von 500 € belastet. Die Verwaltungsgemeinkosten sind mit 15 %, die Vertriebsgemeinkosten mit 10 % zu verrechnen. Beim Versand wird für jeden Motor eine Versicherung (Sondereinzelkosten des Vertriebs) in Höhe von 150 € abgeschlossen.

Kalkulieren Sie die Selbstkosten eines Motors.

5   Für die Angebotskalkulation eines Apparates ist nach Angaben der Arbeitsvorbereitung mit 1.060 € Fertigungsmaterial und 950 € Fertigungslohn zu rechnen. Außerdem sind 16 2/3 % Gewinn und 10 % Kundenrabatt zu berücksichtigen.

Zur Ermittlung der Gemeinkostenzuschlagssätze sind der Buchhaltung und dem Betriebsabrechnungsbogen zu entnehmen: Fertigungsmaterial 710.000 €, Materialgemeinkosten 28.400 €, Fertigungslohn 680.000 €, Fertigungsgemeinkosten 476.000 €, Verwaltungsgemeinkosten 227.328 € und Vertriebsgemeinkosten 113.664 €.

3   Teilkostenrechnung

3.1   Beispiel

Ein Unternehmen hat wegen einer schlechten Auftragslage noch freie Kapazitäten. Dem Unternehmen wird ein Auftrag über 200 Stück eines bestimmten Artikels erteilt. Der normale (Netto-) Verkaufspreis beträgt 40 €, die Selbstkosten betragen 35 €. Der Auftraggeber ist jedoch nur gewillt, 32 € pro Stück zu zahlen.

Entscheiden Sie, ob es sich lohnt, den Zusatzvertrag anzunehmen, wenn 31 € variable Herstell-, Vertriebs- und Verwaltungskosten pro Stück anfallen.

Lösung:

Verkaufspreis pro Stück	32 €
- variable Herstell-, Vertriebs- und Verwaltungskosten	31 €
= Deckungsbeitrag pro Stück	1 €

Der Auftrag ist anzunehmen.

Merkmale: Zusatzauftrag (Entscheidung über die Annahme oder Ablehnung eines Zusatzauftrags bei nichtausgelasteter Kapazität), Teilkostenrechnung = Verrechnung von einem Teil der angefallenen Kosten, Verursachungs- und Deckungsprinzip, retrograde Rechnung = Ausgangspunkt der Abrechnung bildet der Nettoerlös, Kostenstruktur in fixe und variable Kosten, Überschussgröße Deckungsbeitrag.

3.2   Gestaltung

3.2.1   Deckungsbeitragsrechnung

Bei der Teilkostenrechnung unterscheidet man auf der Basis variabler Kosten (ebenso wie bei der Vollkostenrechnung) zwischen Kostenarten-, Kostenstellen- und Kostenträgerrechnung.

Grundlage der Teilkostenrechnung ist die Trennung der Kosten in fixe und variable Bestandteile, die in der Kostenartenrechnung erfolgt.

Fixe und variable Kosten lassen sich unterscheiden, wenn man Kosten nach ihrem Verhalten gegenüber Beschäftigungsänderung betrachtet. In extrem kurzfristiger Sicht, etwa auf eine Woche bezogen, sind fast alle Kosten unveränderlich bzw. fix, da gesetzliche und vertragliche Kündigungsfristen einen Abbau der Kosten in diesem Zeitraum verhindern. Umgekehrt können über einen langen Zeitraum von mehreren Jahren die meisten Kosten angepasst werden, sind also variabel. Üblicherweise legt man bei der Katalogisierung von Kosten nach ihrem Verhalten gegenüber Beschäftigungsänderung einen Zeitraum von einem halben bis einem ganzen Jahr zugrunde. Kosten, die innerhalb dieses Betrachtungszeitraumes an Outputänderung angepasst werden sollen, werden als variable, die übrigen als fixe Kosten ausgewiesen.

Fixe Gesamtkosten sind Kosten der bereitgestellten Kapazität. Absolut fixe Gesamtkosten gelten für sämtliche Beschäftigungsgrade, sie fallen auch an, wenn der Betrieb vorübergehend stillgelegt oder nur wenig ausgelastet ist, z. B. für Gebäude, Maschinen, Transporteinrichtungen, Unternehmensführung, Mindestbestand an Mitarbeitern und Werkstoffen, Finanzierung. Mit wachsender Beschäftigung verlaufen die fixen Stückkosten degressiv. Die Fixkosten der genutzten Kapazität sind Nutz-, die der nichtgenutzten Kapazität Leerkosten. Sprungfixe Gesamtkosten treten bei bestimmten Beschäftigungsänderungen auf und bleiben dann wieder fix. Allgemeine Ursache ihrer Entstehung ist die mangelnde Teilbarkeit vieler Produktionsfaktoren. Auf die Einheit bezogen, verändern sich die fixen Gesamtkosten. Die variablen Kosten ändern ihre Höhe bei Beschäftigungsschwankungen, z. B. Akkordlöhne, Fertigungsmaterial, Gebrauchsabschreibungen. Die variablen Gesamtkosten können sich im gleichen Verhältnis zur Beschäftigung verändern - proportionale Kosten -, z. B. Rohstoffkosten, sie können mit wachsender Beschäftigung langsamer zunehmen - degressive Kosten -, z. B. Rohstoffkosten mit Mengenrabatt, schneller steigen - progressive Kosten -, z. B. übermäßige Lohnkosten für Überstunden, oder absolut abnehmen - regressive Kosten - wie Heizkosten in einer Gaststätte bei gutem Besuch. Die entsprechenden variablen Stückkosten verlaufen konstant, degressiv, progressiv und degressiv. Die Zusammensetzung der Gesamt- und Stückkosten in fixe und variable Bestandteile wird als Kostenstruktur bezeichnet.

Grafisch lassen sich die Kostenverläufe folgendermaßen darstellen:

Absolut fixe Kosten

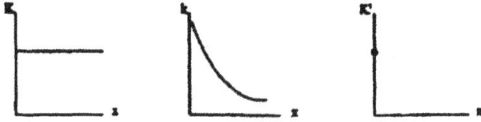

Sprungfixe Kosten

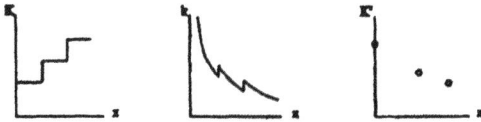

Proportionale Kosten

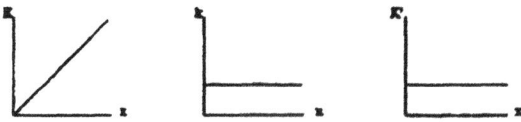

Degressive Kosten

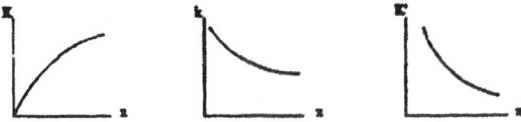

Progressive Kosten

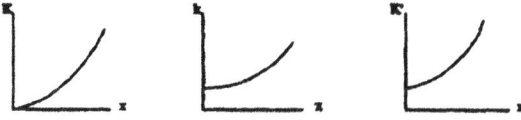

Absolut fixe und proportionale Kosten

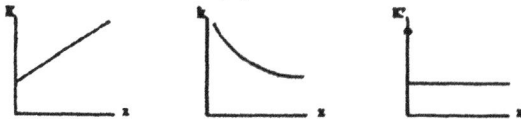

Die Kostentrennung (-spaltung, -auflösung) der Kosten in fixe und variable Bestandteile kann analytisch und mathematisch erfolgen. Beim analytischen Verfahren werden die einzelnen Kostenarten einer Kostenstelle (auf der Basis von technischen und
arbeitswissenschaftlichen Studien, nach Angaben von Anlagenherstellern, durch
Probeläufe oder Musteranfertigungen) auf ihr Verhalten bei Beschäftigungsände-

rungen analysiert. Die mathematischen Verfahren leiten den variablen Kostenanteil aus den Istgrößen vergangener Perioden ab. Das Zwei-Punkte-Verfahren weist für zwei Monate mit möglichst unterschiedlichen Beschäftigungen die jeweils angefallenen Gesamtkosten aus. Der Quotient aus Kosten- und Beschäftigungsdifferenz gibt die Grenzkosten an, die bei proportionalem Kostenverlauf mit den variablen Kosten je Einheit identisch sind.

Beispiel: Zwei-Punkte-Verfahren

Aus den vergangenen sechs Monaten liegen folgende Daten vor:

Monat	01	02	03	04	05	06
Beschäftigung in h	40	30	60	70	80	90
Kosten in €	490	520	570	690	770	880

Berechnen Sie k_v und K_f und stellen Sie die Gesamtkostenfunktion auf.

Lösung:

1. Bestimmung der höchsten und der niedrigsten Beschäftigung für die Periode:
   Monate 02, 06.

2. Berechnung der Kosten- und Beschäftigungsdifferenz:

$$K' = k_v = \frac{880-520}{90-30} = 6 \ (\text{€/h})$$

3. Berechnung der Fixkosten

$$K_f = K - K_v$$

$$= K - k_v \cdot x$$

$$= 880 - 540$$

$$= 340$$

4. Die Kostenfunktion lautet:

$$K(x_i) = 340 + 6x_i$$

Beim Regressionsverfahren werden mehrere bzw. alle Datenpaare der jüngsten Vergangenheit in ein Beschäftigungs-Kosten-Diagramm eingezeichnet. Dann wird eine
Gerade eingetragen, die die Verteilung der Punkte möglichst genau berücksichtigt.
Der Schnittpunkt der Geraden mit der Kosten-Achse gibt die Höhe der Fixkosten an,
die Steigung der Geraden die Höhe der variablen Kosten je Beschäftigungseinheit.

In der Kostenstellenrechnung werden im Betriebsabrechnungsbogen die Stellen mit

den variablen bzw. kurzfristig relevanten Kosten belastet. Im Teilkosten-BAB entsprechen die Stufen der Abrechnung denen der Vollkostenrechnung. Im ersten
Schritt sind die primären variablen Kosten entweder durch direkte Zuordnung oder
mit Hilfe von Verteilungsschlüsseln auf die Hilfs- und Hauptkostenstellen zu verteilen.
Im zweiten Schritt erfolgt die innerbetriebliche Leistungsverrechnung. Schließlich
werden in den Hauptkostenstellen die „variablen" Zuschlagssätze gebildet.

Die Kostenträgerrechnung kann als Stück- und Zeitrechnung ausgestattet sein. Die
Kostenträgerstückrechnung stellt die Kalkulation der Produkte zu variablen Stückkosten dar. In die Kostenträgerstückrechnung gehört ferner die Ermittlung des De-
ckungsbeitrags eines Kostenträgers. Zur Ermittlung eines Angebotspreises wird neben den variablen Stückkosten der angestrebte absolute oder (auf die variablen
Stückkosten bezogene) prozentuale Deckungsbeitragssatz benötigt. Ferner kann die
Teilkostenträgerstückrechnung durch einen Fixkostenzuschlagsatz zu einer Vollkos-
tenträgerstückrechnung ausgebaut werden.

Zentraler Begriff aller Teilkostenrechnungen ist der Deckungsbeitrag. Folgende Arten
von Deckungsbeiträgen können berechnet werden: Deckungsbeitrag einer Produkteinheit, einer Produktart, einer Produktgruppe, des Unternehmens. Aufbauend auf
dem Stückdeckungsbeitrag entstehen alle weiteren Deckungsbeiträge jeweils als
Summe aus der Vorstufe. Jeder positive Deckungsbeitrag bedeutet eine (relative)
Verbesserung des Periodenerfolgs (Betriebsergebnisses).

Die Trennung von variablen und fixen Kosten macht die Teilkostenrechnungen zum
wichtigsten Instrument für kurzfristige Entscheidungen. Kurzfristig bedeutet, dass
Entscheidungen im Rahmen gegebener Kapazitäten getroffen werden, die fixen Kosten sich also nicht beeinflussen lassen bzw. nicht entscheidungsrelevant sind. Typische Entscheidungssituationen: Die Teilkostenrechnung liefert Informationen für Entscheidungen über die Annahme oder Ablehnung von Zusatzaufträgen bei unver-
änderter Kapazität, für die Bestimmung der kurzfristigen bzw. absoluten Preisunter-
grenze, für Entscheidungen über Eigen- oder Fremdfertigung (Make-or-Buy-
Entscheidungen), für Entscheidungen über die Förderungswürdigkeit von Produkten,
für Entscheidungen über das optimale Produktions- bzw. Absatzprogramm, für Ent-

scheidungen über optimale Absatzaktivitäten.

Wird die Teilkostenrechnung zur Beurteilung von Absatzaktivitäten (Verkaufs- und Vertriebsaktivitäten) eingesetzt, dann kommt der kundenbezogenen Deckungsbeitragsrechnung zur Beurteilung der Profitabilität einzele Kunden und Kundengruppen besondere Bedeutung zu, weil sie unterschiedlich hohe Kosten verursachen wie unterschiedlich hohe Service- und Frachtkosten. Eine mehrstufige Kundendeckungsbeitragsrechnung kann wie folgt aufgebaut sein:

Erlöse zu Listenpreis
- kundenbezogene Erlösminderungen, z. B. Bonus
= Nettoerlöse
- variable Herstellkosten der Leistung
= Kundendeckungsbeitrag I
- dem Kunden direkt zurechenbare Marketingkosten, z. B. Kataloge, Mailings
= Kundendeckungsbeitrag II
- dem Kunden direkt zurechenbare Verkaufskosten, z. B. Reisekosten
= Kundendeckungsbeitrag III
- dem Kunden direkt zurechenbare Service- und Transportkosen
= Kundendeckungsbeitrag IV

Die Deckungsbeitragsrechnung ist für jede Bezugsgröße, der ein Erlös- und Kostenbetrag zugerechnet werden kann, möglich. Die segmentbezogene Deckungsbeitragsrechnung lässt sich in vielen Funktionen, Unternehmen und Branchen nutzen. Kosten und Erlöse lassen sich im Vertriebsbereich bei Handelsunternehmen nach den Bezugsgrößen Produktgruppen, Kundengruppen, Regionen, Verkaufsbezirke und Vertriebswege, bei Banken nach den Bezugsgrößen Geschäftstätigkeiten, Kundengruppen und Filialen, bei Brauereien nach den Bezugsgrößen Produktgruppen, Gebindearten (Fass/Flasche), Absatzgebiete und Vertriebswege differenzieren. Verwendet man mehr als eine Bezugsgröße, wird von einer mehrdimensionalen Deckungsbeitragsrechnung gesprochen.

Werden in der mehrdimensionalen Deckungsbeitragsrechnung die Bezugsgrößen Produkt, Kunde und Absatzgebiet berücksichtigt, wird ein Großteil des Informationsbedarfs beim Kundenmanagement befriedigt. Die mehrdimensionale mehrstufige Deckungsbeitragsrechnung ist mit Hilfe der DV schnell realisier- und flexibel durchführbar.

Beispiel: Mehrdimensionale Deckungsbeitragsrechnung

Absatzgebiete	A 1				A 2			
Kundengruppen	K1		K2		K1		K2	
Produktgruppe	P1	P2	P1	P2	P1	P2	P1	P2
Umsatz	136.700	61.400	73.300	24.780	73.400	65.000	13.900	6.300
Variable Kosten	72.000	28.000	33.000	14.000	38.000	29.000	8.200	2.000
Versand-Ek.	1.700	1.900	870	820	890	1.780	170	150
= DB I	63.000	31.500	39.430	9.960	34.510	34.220	5.530	4.150
Beratung	9.000		4.500		1.000		10.200	
= DB II	85.500		44.890		67.730		- 520	
Agenturen	12.000				7.000			
Verkaufssachbearbeiter	90.000				60.000			
= DB III	28.390				210			
Unternehmensfixkosten	16.800							
= Gewinn/Verlust	11.800							

Die Kostenträgerzeitrechnung erfasst die Kosten und Erlöse einer Periode (Umsatz-kostenverfahren auf Teilkostenbasis). Es wird das Verfahren mit summarischer und stufenweiser Fixkostendeckung unterschieden (auch ein- und mehrstufige Deckungs-beitragsrechnung und ein- und mehrstufiges Direct Costing genannt). Während das einstufige Verfahren auf jegliche Verrechnung fixer Kosten auf die Kostenträger ver-zichtet, zerlegt das mehrstufige Verfahren den Fixkostenblock. Verbreitet ist die Auf-spaltung in Produkt- (Erzeugnis-), Produktgruppen-, Kostenstellen-, Bereichs- und Unternehmensfixkosten. Beispiele für die dargestellten Fixkostenstufen: Produktfix-kosten fallen jeweils nur für eine bestimmte Produktart an und können deshalb der Gesamtstückzahl pauschal zugerechnet werden, z. B. Kosten für Modelle, Spezial-werkzeuge und –maschinen, Entwicklungskosten. Produktgruppenfixkosten werden durch eine Gruppe von meist ähnlichen Erzeugnissen verursacht, z. B. die Abschrei-bungen und Zinsen für Betriebsmittel, die nur für eine bestimmte Produktgruppe be-nötigt werden, gegebenenfalls Raumkosten. Bereichskosten fallen für eine Gruppe von Kostenstellen bzw. einen Bereich an, z. B. Gehälter der technischen Betriebs-leitung, Meisterlöhne. Unternehmensfixkosten können nur dem gesamten Unterneh-men zugeordnet werden, z. B. Personalkosten der Unternehmensleitung, Kosten für die Unternehmensüberwachung, z. B. Pförtner, die meisten Beiträge und Gebühren, z. B. Gebäudeversicherung. Die Deckung der fixen Kosten erfolgt stufenweise aus den Deckungsbeiträgen der vorgelagerten Bezugsbasen.

Beispiel: Deckungsbeitragsrechnung mit einstufiger Fixkostendeckung

Erzeugnisart	1	2	3	4	5	6	7	8	9	Σ
Erlöse	1.000	1.200	1.100	800	2.200	400	200	850	1.400	
Variable Kosten	500	800	750	780	1.040	180	120	500	780	
= Deckungsbeitrag	500	400	350	20	1.160	220	80	350	620	3.700
Fixe Kosten										3.090
= Betriebsergebnis										610

Beispiel: Deckungsbeitragsrechnung mit stufenweiser Fixkostendeckung

Unternehmensbereich			A				B		
Produktgruppe		I		II		III		IV	
Produktart	1	2	3	4	5	6	7	8	9
Erlöse	1.000	1.200	1.100	800	2.200	400	200	850	1.400
Variable Kosten	500	800	750	780	1.040	180	120	500	780
= Deckungsbeitrag I	500	400	350	20	1.160	220	80	350	620
Produktfixkosten	150	220	280	100	400	100	20	100	210
= Deckungsbeitrag II	350	180	70	- 80	760	120	60	250	410
Produktgruppenfixkosten		530		- 10		880		720	
		80		110		320		230	
= Deckungsbeitrag III		450		-120		560		490	
Bereichsfixkosten			330				1.050		
			140				230		
= Deckungsbeitrag IV			190				820		
Unternehmensfixkosten					1.010				
					400				
= Betriebsergebnis					610				

Die Deckungsbeitragsrechnung mit ein- und mit mehrstufiger Fixkostendeckung führen zum gleichen Betriebsergebnis. Die mehrstufige Deckungsbeitragsrechnung ermöglicht aber einen differenzierten Einblick in die Erfolgsstruktur eines Unternehmens. Man erkennt den Grad der Fixkostendeckung durch die einzelnen Produktarten und -gruppen und ob sie neben den durch sie verursachten Fixkosten auch noch zur Deckung der allgemeinen Fixkosten des Unternehmens und darüber hinaus zur Erzielung eines Gewinns beitragen. Sie liefert also wichtige Informationen für den Aufbau oder die Eliminierung einzelner Produkte und Produktgruppen bzw. für Investitions-, Absatz- und Stillstandsmaßnahmen. Durch die Aufspaltung der Fixkosten wird außerdem eine Basis für eine wirksame Kostenkontrolle geschaffen.

Beispiel: Deckungsbeitragsrechnung mit stufenweiser Fixkostendeckung

Folgende Daten sind gegeben (in T€):

Bereich	A					B	
Produktgruppe	I			II		III	
Produktart	1	2	3	4	5	6	7
Umsatzerlöse	700	600	100	600	400	3100	800
Variable Kosten Abs	500	330	70	610	310	2000	840
= DB I							
Produktfixkosten	0	0	40	0	0	0	20
= DB II							
Produktgruppenfixkosten		100		120		0	
= DB III							
Bereichsfixkosten			390			240	
= DB IV							
Unternehmensfixkosten				200			
= Ergebnis							

a) Berechnen Sie durch Vervollständigung den kalkulatorischen Periodenerfolg.

b) Für die Produkte A3 und B7 soll geprüft werde, ob sie aus dem Programm ge-
    nommen werden können. Die Produktfixkosten bestehen in beiden Fällen aus
    unverkäuflichen Patenten für die Herstellung der Produkte. Wie lautet die Ent-
    scheidung bei A3, wie bei B7?

Lösung:

a)

Bereich	A					B	
Produktgruppe	I			II		III	
Produktart	1	2	3	4	5	6	7
Umsatzerlöse	700	600	100	600	400	3100	800
Variable Kosten Abs.	500	330	70	610	310	2000	840
= DB I	200	270	30	- 10	90	1100	- 40
Produktfixkosten	0	0	40	0	0	0	20
= DB II	200	270	-10	-10	90	1100	- 60
Produktgruppenfixkosten		100		120		0	
= DB III		360		- 40		1040	
Bereichsfixkosten			390			240	
= DB IV			-70			800	
Unternehmensfixkosten				200			
= Ergebnis				530			

b)

Bei A3 übersteigt der Erlös die variablen Kosten, der Deckungsbeitrag I beträgt 30.

Bei Beibehaltung reduziert sich der Verlust von 40 auf 10; bei Einstellung verschlech tert sich das Ergebnis um 30 auf 500. A3 ist nicht aus dem Programm zu nehmen. Bei B7 übersteigen die (abbaubaren) variablen Kosten den Erlös, der Deckungsbeitrag I beträgt –40. Bei Einstellung verbessert sich c. p. das Ergebnis um 40 auf 570. B7 ist aus dem Programm zu nehmen.

Diese Informationen sind als Indikatoren zu verwenden. Solche Stillegungsmaßnahmen lassen sich in der Regel nur mittel- und langfristig vornehmen. Für tiefergehende Auswertungen ist eine weitere Aufspaltung der Fixkostenblöcke nach der Fristigkeit ihrer Abbaufähigkeit erforderlich. Grundsätzlich sind (bei "going concern") folgende Kategorien zu unterscheiden: Kurzfristig abbaubare Fixkosten bis 6 Monate, z. B. Gemeinkostenlöhne und Gehälter, sofern dem kein besonderer Kündigungsschutz entgegensteht; mittelfristig abbaubare Fixkosten bis 1 Jahr, z. B. Mietobjekte, Versicherungen; langfristig abbaubare Fixkosten über 1 Jahr, z. B. Leasingobjekte; nicht abbaubare Fixkosten, z. B. Mitgliedsbeiträge bei Kammern, Gehälter der Geschäftsführung.

3.2.2 Einzelkostenrechnung

Einen völlig anderen Teilkostenrechnungs-Ansatz gibt die „Einzelkosten- und Deckungsbeitragsrechnung" nach Riebel (Riebel, Paul, Einzelkosten- und Deckungsbeitragsrechnung, 7. Aufl., Wiesbaden 1994). Die Einzelkostenrechnung will möglichst alle kostenrelevanten Tatbestände bzw. Bezugsgrößen (Produkte, Produktarten, Produktgruppen, Kostenstellen, Kostenbereiche, Unternehmen u. a.) als Ursachen der Kostenentstehung und Kostenzurechnung einbeziehen. Eine Kostenart ist dann einer Bezugsgröße zurechenbar, wenn sie für diese Bezugsgröße direkt erfasst oder ihr nichts aufgrund einer realtheoretischen Kostenfunktion eindeutig zugeordnet werden kann. Um die Kosten den jeweiligen kostenrelevanten Tatbeständen bzw. Bezugsgrößen zurechnen zu können, führt Riebel den Begriff der „relativen Einzelkosten" ein. Beispiel: Die Beleuchtungskosten einer Fertigungsgemeinkostenstelle sind Produktgemeinkosten, weil sie den einzelnen Produkten in dieser Stelle gefertigten Produktarten nicht direkt, sondern nur mit Hilfe von Verteilungsschlüsseln zugerechnet werden können; sie sind aber Kostenstelleneinzelkosten, weil sie der Stelle ohne Schlüsselung bzw. direkt zugerechnet werden können. Zwar sind (Kostenträger-)

Gemeinkosten nicht den Kostenträgern als Einzelkosten zuzurechnen, möglicherweise aber bestimmten Produktarten, Produktgruppen, Kostenstellen, Kostenbereichen, Unternehmen u. a. Gemeinkosten einer unteren Stufe, z. B. Kostenträger, sind aus Sicht einer höheren Stufe, z. B. Kostenträgergruppe, Einzelkosten und umgekehrt. Die Einengung auf Kostenträger, Produktgruppen, Kostenstellen und Kostenbereichen wird aufgegeben. Es erfolgt die Verwendung einer Vielzahl von Bezugsgrößen bzw. –objekten. Bezugsgrößen können alle Felder unternehmerischer Entscheidungen abbilden, z. B. nach Leistungen (Produkte, Produktgruppen, Sparten), organisatorischen Einheiten (Arbeitsplätzen, Kostenstellen, Abteilungen, Kostenbereichen), Kunden (Einzelkunden, Kundengruppen, Kundenanfragen, Kundenbesuchen), Regionen (Absatzbereiche, Länder), Vertriebswegen (Direktverkauf, Versandhandel). Die Vielzahl möglicher Bezugsgrößen wird in einer unternehmensindividuellen Bezugsgrößenhierarchie zusammengestellt.

Riebel geht vom Identitätsprinzip aus. Danach sollen jeweils nur Kosten und Leistungen (Erlöse) einander gegenüber gestellt werden, die durch dieselbe identische Entscheidung verursacht worden sind. Unter Kosten versteht er dabei entsprechend einem entscheidungsorientierten Kundenbegriff „die mit der Entscheidung über das betreffende Objekt auslösenden Ausgaben (Auszahlungen)". Nach dieser Definition setzt die Entstehung von Kosten Entscheidungen über das Bezugsobjekt voraus, durch welche Ausgaben (Auszahlungen) ausgelöst werden. An diese Ausgaben (Auszahlungen) wird die Anforderung gestellt, dass sie dem Bezugsobjekt „logisch zwingend zurechenbar sind" (Riebel). Somit lassen sich sämtliche Kosten des Unternehmens als Einzelkosten einem Bezugsobjekt zurechnen.

Ausgangspunkt der praktischen Durchführung einer Einzelkostenrechnung ist die Grundrechnung. Mit diesem Begriff will Riebel zum Ausdruck bringen, „daß es sich um eine universell auswertbare Zusammenstellung relativer Einzelkosten handelt, deren Bausteine in mannigfacher Weise kombiniert werden können und einen schnellen Aufbau von Sonderrechnungen für die verschiedenen Fragestellungen erlauben" (Riebel). Grundrechnungen sind zweckneutrale Erfassungsrechnungen bzw. Datenspeicher, Auswertungsrechnungen sind zweckbezogene Entscheidungsrechnungen. Bei solchen Auswertungen wird jede Differenz zwischen Erlösen und bestimmten relativen Einzelkosten als Deckungsbeitrag bezeichnet. Die Einzelkostenrechnung mit den Systemelementen Grundrechnung und Auswertrechnung unterscheidet sich somit fundamental von anderen Kostenrechnungssystemen mit der Dreiteilung Kostenarten-, Kostenstellen-, Kostenträgerrechnung.

Beispiel: Grundrechnung

		Zurechnungsobjekte	I	II	III	IV	V	VI	VII	VIII	IX	X	XI	XII	XIII	XIV
				Kostenstellen							Kostenträger					
			Hilfsstellen	Fertigungsstellen			Materialstelle	Verwaltungsstelle	Vertriebsstelle	Gesamtunternehmen	Erzeugnisarten					Σ
	Kostenkategorie	Kostenarten (Beispiele)	H	F1	F2	F3	M	VW	V	G	P1	P2	P3	P4	P5	
1	Leistungskosten — absatzabhänig — absatzwertabhängige Kosten	Verkaufsprovision									20	10	5	15	10	60
2		Umsatzlizenzen									-	5	15	-	20	40
3		Zölle									5	-	-	10	5	20
4	von s.Faktoren abhänig	Ausgangsfrachten							80							80
5		Verpackungskosten							50							50
6	erzeugnisabhänig — losgrößen unabhänig	Materialverluste		5	-	5										10
7		Energie		30	15	20										65
8	erzeugnung- mengen- abhänige Kosten	Rohstoffe	30								60	75	100	50	70	385
9		Hilfsstoffe	50								10	10	20	5	15	110
10		Energie									5	10	15	10	5	45
11		Lizenzen									10	-	-	15	-	25
12		Überstunden-Löhne			10			5			5	10	-	10	15	55
13		Personal-Leasing-Kosten						10			0	5	5	-	-	20
14	Leistungskosten		80	35	25	25	·	15	130	·	115	125	160	115	140	965
15	Bereitschaftskosten — Monats- einzelkosten	Fertigungslöhne	10	80	85	70										245
16		Betriebsstoffe	5	10	10	5	5	5	15							55
17		Fremddienste	5	-	5	10	10	10	5							45
18		Büromaterial	5	5	10	5	5	10	10							50
19		Heizmaterial	5	10	5	10	5	5	5							45
20	Quartalseinzel- kosten	Miete								30						30
21		Versicherung								10						10
22		Gehälter	10	20	30	25	30	40	30							185
23	Jahres- einzelkosten	Miete								20						20
24		Vermögensteuer								50						50
25		Grundsteuer								5						5
26		Gewerbekapitalsteuer								10						10
27		Pacht								10						10
28		Pauschalzinsen										5				5
29	Bereitschaftskosten		40	125	145	125	55	70	65	135	-	5	-	-	-	765
30	Gesamtkosten		120	160	170	150	55	85	195	135	115	130	160	115	140	1730

Zur Berechnung des Betriebserfolgs wird aus den Umsatzerlösen durch stufenweise (schrittweise) Subtraktion verschiedener relativer Einzelkosten ein beliebig differenziertes System von (relativen) Deckungsbeiträgen abgeleitet, bis nach Abzug aller Einzelkosten (der Gesamtkosten) das Betriebsergebnis feststeht.

Schematisch gilt:

Umsatzerlöse
- Kostenträgereinzelkosten
= Deckungsbeitrag I (Produkt-Deckungsbeitrag)
- Kostenträgergruppeneinzelkosten
= Deckungsbeitrag II (Produktgruppen-Deckungsbeitrag)
- Bereichseinzelkosten
= Deckungsbeitrag III (Bereichs-Deckungsbeitrag)
- Unternehmenseinzelkosten
= Betriebsergebnis

Die Parallele zur stufenweisen Fixkostendeckungsrechnung ist offensichtlich: Ersetzt man dort die Unterteilung der Kosten in variable und fixe Bestandteile durch die Gliederung in Einzel- und Gemeinkosten, so gelangt man zur Deckungsbeitragsrechnung mit relativen Einzelkosten. Das Verfahren ist aber insofern noch konsequenter, als nicht nur die fixen Gemeinkosten, sondern auch die variablen Gemeinkosten von einer Verteilung auf die Leistungseinheiten ausgeschlossen werden.

Beispiel:

Eine kleinere chemische Fabrik stellt folgende Produkte her: Pflegebad Cream Bath, Sonnenöl, Sonnenlotion, Deodorant Fresh, Deodorant Pro Active, Seife Mild, Seife Beauty. Die Produktgruppen Pflegebad, Cream Bath, Sonnenöl, Sonnenlotion werden in der Kostenstelle 1, Deodorant Fresh, Deodorant Pro Fresh in der Kostenstelle 2, Seife Mild, Seife Beauty in der Kostenstelle 3 gefertigt. Kostenstelle 1 bildet den Unternehmensbereich I, Kostenstelle 2 und 3 bilden den Unternehmensbereich II. Für den Abrechnungszeitraum liegen folgende Daten vor (Reihenfolge wie oben):

Produktion = Absatz in Stück	6.000	2.000	4.000	12.000	7.500	25.000	16.000
Verkaufspreis pro Einheit	3,50	2,70	5,80	3,30	4,60	0,90	1,40
Variable Stückkosten							
Fertigungsmaterial	0,55	0,40	0,60	0,80	0,90	0,20	0,30
Fertigungslöhne	0,20	0,35	0,80	0,70	0,60	0,10	0,15
Gemeinkosten	1,20	1,60	1,80	1,20	1,70	0,20	0,25

Fixe Gesamtkosten 39.000							
Produktfixkosten	1.900	1.200	800	2.800	4.200	1.900	2.600
Produktgruppenfixkosten		1.300		7.800		4.900	
Bereichsfixkosten		1.700			3.200		
Unternehmensfixkosten			4.700				

Grundrechnung der Kosten

Kostenkategorie	Stelle 1	Stelle 2	Stelle 3	Bereich I	Bereich II	Gesamt-unternehmen	Pflege-bad	Sonnen-öl	Sonnen-lotion	Deo Fresh	Deo Pro Activ	Seife Mild	Seife Beauty	Sonnen-schutz	Deo-dorant	Seife	Summe
Leistungskosten – mengenabhängige																	
Fertigungsmaterial							3.300	800	2.400	9.600	6.750	5.000	4.800				32.650
Akkordlöhne							1.200	700	3.200	8.400	4.500	2.500	2.400				22.900
Vertriebskosten							1.800	900	1.400	2.600	1.100	1.200	1.000				10.000
Überstunden-löhne	3.250	3.000	1.500														7.750
Verpackungs-material																	
preisabhängige																	
Werbung														1.300	7.800	4.900	14.000
Lizenzen							900	200				600	400		1.000		3.100
Bereitschaftskosten – Monat																	
Energie	400	300	300														1.000
Fertigungs-löhne	800	500	700														2.000
Quartal																	
Gehälter (monatl. Kündigung)				525	500												1.025
Gehälter (viertelj. Kündigung)				200	300												500
Heizkosten				225	500												725
Jahr																	
Versicherung						4.700											4.700

a) Berechnen Sie das Betriebsergebnis nach der Deckungsbeitragsrechnung mit mehrstufiger Fixkostendeckung bzw. der stufenweisen Fixkostendeckungs-rechnung.

b) Berechnen Sie das Betriebsergebnis nach der Einzelkostenrechnung.

c) Interpretieren Sie kurz die Ergebnisse nach der stufenweisen Fixkosten-deckungs- und der Einzelkostenrechnung.

Lösung:

a)

Produkt	Pflege-bad	Sonnenschutz		Deodorant		Seife		Summe
		Sonnenöl	Sonnen-lotion	Fresh	Pro active	Mild	Beauty	
Nettoerlös	21.000	5.400	23.200	39.600	34.500	22.500	22.400	168.600
- Variable Kosten	11.700	4.700	12.800	32.400	24.000	12.500	11.200	109.300
= Deckungsbeitrag I Produkt-Deckungsbeitrag	9.300	700	10.400	7.200	10.500	10.000	11.200	59.300
- Produktfixkosten	1.900	1.200	800	2.800	4.200	1.900	2.600	15.400
= Deckungsbeitrag II	7.400	- 500	9.600	4.400	6.300	8.100	8.600	43.900
Produktgruppen-Deckungsbeitrag	7.400	9.100		10.700		16.700		
- Produktgruppenfixkosten	-	1.300		7.800		4.900		14.000
= Deckungsbeitrag III	7.400	7.800		2.900		11.800		29.900
Kostenstellen-Deckungsbeitrag	15.200			14.700				
- Bereichsfixkosten	1.700			3.200				4.900
= Deckungsbeitrag IV	13.500			11.500				25.000
Unternehmens-Deckungsbeitrag	25.000							
- Unternehmensfixkosten	4.700							4.700
= Betriebsergebnis	20.300							20.300

b)

| Produkt | Pflegebad | Sonnenschutz | | Deodorant | | Seife | | Summe |
		Sonnenöl	Sonnen-lotion	Fresh	Pro Active	Mild.	Beauty	
Nettoerlös	21.000	5.400	23.200	39.600	34.500	22.500	22.400	168.600
- Produkteinzelkosten								
- Materialeinzelkosten	3.300	800	2.400	9.600	6.750	5.000	4.800	32.650
- Lohneinzelkosten	1.200	700	3.200	8.400	4.500	2.500	2.400	22.900
- Vertriebseinzelkosten	1.800	900	1.400	2.600	1.100	1.200	1.000	10.000
- Lizenzeinzelkosten	900	200	-	-	-	600	400	2.100
= Produkt-Deckungsbeitrag	13.800	2.800	16.200	19.000	22.150	13.200	13.800	100.950
- Produktgruppen- Einzelkosten								
Werbekosten		1.300		7.800		4.900		14.000
Lizenzgebühren				1.000				1.000
= Produktgruppen - Deckungs-beitrag	13.800	17.700		32.350		22.100		85.950
- Stelleneinzelkosten								
Überstundenlöhne		3.250		3.000		1.500		7.750
Energie ⎤ 12x Monats-		4.800		3.600		3.600		12.000
Löhne ⎦ kosten		9.600		6.000		8.400		24.000
= Stellen-Deckungsbeitrag		13.850		19.750		8.600		42.200
- Bereichseinzelkosten								
12x monatl. Gehälter		6.300			6.000			12.300
4x Quart. Gehälter		800			1.200			2.000
4x Heizkosten		900			2.000			2.900
= Bereichs-Deckungsbeitrag		5.850			19.150			25.000
- Unternehmens-Einzelkosten								
Versicherung				4.700				4.700
Unternehmens-Deckungs-beitrag Betriebsergebnis				20.300				20.300

c)

Der in der Einzelkostenrechnung ausgewiesene Produktdeckungsbeitrag ist um 41.650 (59.050), der Produktgruppendeckungsbeitrag um 42.050 und der Kosten-stellendeckungsbeitrag um 12.300 höher als der entsprechende Deckungsbeitrag der Fixkostendeckungsrechnung. Der Grund liegt darin, dass die variablen Gemein-kosten bis zu der entsprechenden Abrechnungsstufe nur zum geringen Teil direkt als Einzelkosten und zum großen Teil erst bei der nächsthöheren Stufe der Bezugs größenhierarchie ohne Schlüssel entsprechend dem Identitätsprinzip zugeordnet werden können. In der Einzelkostenrechnung ergeben sich durch die Verrechnung der Gemeinkosten zahlenmäßig höhere Deckungsbeiträge im Vergleich zur Fixkostendeckungsrechnung und damit eine abweichende Rangfolge bei der Programmwahl und Produktbeurteilung.

Beurteilung: Die Einzelkostenrechnung kommt ohne jede Aufschlüsselung von Gemeinkosten sowie ohne Proportionalisierung von fixen Kosten aus. Sie ist am konsequentesten am Verursachungsprinzip ausgerichtet. Sie löst sich (durch die Ablehnung von Abschreibungen) vom Periodenbezug. Sie ist auf keinen bestimmten dominierenden praxisrelevanten Rechnungszweck ausgerichtet. Ein besonderer Nachteil ist die Komplexität des Systems sowie die abweichende Definition eingebürgerter Begriffe der Kostenrechnung. Der Weg der Kostenrechnungssoftware geht dahin, durch einen immer stärker datenbankorientierten Grundaufbau einige Komponenten der Rechnung von Riebel zu realisieren.

3.3   Begriffspaare

Die Begriffspaare Einzel- und Gemeinkosten und fixe und variable Kosten beschreiben jeweils einen anderen Sachverhalt. Einzel- und Gemeinkosten sind auf die Produkteinheit, fixe und variable Kosten auf die Beschäftigungsabhängigkeit bezogen. Es erhebt sich die Frage nach den Beziehungen dieser Begriffe. Da Einzelkosten durch eine Einheit bzw. ein Stück verursacht sind, zählen sie zu den variablen Kosten, denn sie würden nicht anfallen, wenn diese Einheit nicht produziert würde. Eine ebenso eindeutige Aussage ist für die Gemeinkosten nicht möglich; sie können als nicht direkt zurechenbare Kosten sowohl variabel als auch fix sein (variable und fixe Gemeinkosten). In umgekehrter Richtung lässt sich eindeutig feststellen, dass fixe Kosten immer Gemeinkosten sein müssen, denn sie werden nicht durch eine Produkteinheit, sondern durch die Aufrechterhaltung der Betriebsbereitschaft verursacht. Als Ergebnis gilt: Einzelkosten sind immer variable Kosten, aber variable Kosten sind nicht immer Einzelkosten; Fixkosten sind immer Gemeinkosten, aber Gemeinkosten sind nicht immer Fixkosten.

Nach Riebel ist das Begriffspaar Einzel- und Gemeinkosten auch auf andere Bezugsgrößen bzw. –objekte anzuwenden. Ob Kosten Einzel- und Gemeinkosten sind,
hängt von dem eingesetzten Bezugsobjekt ab. Die Begriffe werden relativ. Alle Kostenarten lassen sich irgendwo in einer Bezugsgrößenhierarchie als (relative) Einzelkosten zurechnen. Riebel relativiert auch die Inhalte der Begriffe fix und variabel, was
er durch folgendes Beispiel verdeutlicht: Die Rüstkosten von Fertigungsaufträgen
sind variabel zur Zahl der Aufträge, aber fix in bezug auf die Auftragsgröße. Riebel
berücksichtigt neben der Beschäftigungsänderung die Zahl der Aufträge, die Auftragsgröße u. a.

Das Begriffspaar entscheidungsrelevante und –irrelevante Kosten ist zu unterscheiden, wenn Kosteninformationen für Entscheidungs- bzw. Wahlsituationen aufbereitet
werden. Für Entscheidungssituationen sind immer nur die entscheidungsrelevanten
Kosten zu ermitteln. Entscheidungsrelevante (betroffene, zusätzlich anfallende) Kosten einer Entscheidungsalternative A sind solche Kosten, die bei einer Entscheidung
für „A" oder „nicht-A" beeinflussbar sind. Die Ermittlung der entscheidungsrelevanten
Kosten geschieht durch den Vergleich der Konsequenzen zweier Entschei-
dungsmöglichkeiten. Bei der Alternative „Auftrag annehmen/Auftrag ablehnen" sind
die entscheidungsrelevanten Kosten: Gesamtkosten des Betriebes bei Annahme des
Auftrages – Gesamtkosten des Betriebes bei Ablehnung des Auftrags = Entscheidungsrelevante Kosten des Auftrags. Entscheidungsrelevante Kosten drücken immer
nur Kostenunterschiede zwischen Entscheidungsalternativen aus. Variable Kosten
bzw. Grenzkosten können als Annäherung an die entscheidungsrelevanten Kosten
interpretiert werden. Entscheidungsirrelevante Kosten sind solche, die in einer bestimmten Wahlsituation nicht mehr verändert werden können; sie spielen deshalb für
die Entscheidungssituation keine Rolle.

3.4   Beurteilung

Deckungsbeitragsrechnungen können als Entscheidungsinstrument nur für Einzelprobleme und kurzfristig angestellt werden. Durch ein- und mehrstufige Deckungsbeitragsrechnungen ermittelt man zusätzliche Informationen für unternehmerische

Entscheidungen. Die Deckungsbeitragsrechnung mit stufenweiser Fixkostendeckung kann als Ergänzung der Kurzfristigen Erfolgsrechnung bezeichnet werden. Die Einzelkostenrechnung hat vielfältige Denkanstöße für die Weiterentwicklung der Kostenrechnung gegeben.

3.5   Aufgaben Nr. 6 bis 10

6   Die Monatskapazität eines Unternehmens für Antriebsaggregate von 2.000 Stück ist zu 60 % genutzt. Die monatlichen fixen Kosten betragen 500.000 €, die variablen Stückkosten 300 €. Der Listenverkaufspreis beträgt 825 € pro Einheit. Das Unternehmen steht vor der Entscheidung, einen Zusatzauftrag über 60 Einheiten zum Stückpreis von 600 € anzunehmen.

a) Wie ist nach Vollkosten-, wie nach Teilkostenrechnung zu entscheiden?

b) Um wie viel € verändert sich das Betriebsergebnis, wenn der Zusatzauftrag angenommen wird?

c) Wie lautet das Betriebsergebnis nach der einstufigen Deckungsbeitragsrechnung ohne Zusatzauftrag, wie mit Zusatzauftrag?

7   Ein Unternehmen produziert die Produkte P 1, P 2 und P 3. Im vergangenen Monat wurden 6.500 Stück von P 1, 1.300 Stück von P 2 und 7.000 Stück von P 3 produziert und abgesetzt. Die Erlöse und Kosten ergeben sich aus folgender Übersicht:

Produktarten	P 1	P 2	P 3
Erlöse	26.000	13.000	21.000
Variable Fertigungskosten	7.700	4.800	9.200
Variable Verwaltungskosten	6.800	1.100	1.400
Variable Vertriebskosten	1.700	2.500	1.800
Fixe Gesamtkosten P 1 - P 3		15.000	

a) Wie hoch sind die Deckungsbeiträge pro Stück sowie deren Deckungsgrad?

b) Bis zu welchen Stückpreisen kann das Unternehmen kurzfristig zurückgehen?

c) Wie hoch ist das Betriebsergebnis des Unternehmens im Abrechnungszeitraum nach der Deckungsbeitragsrechnung mit einstufiger Fixkostendeckung?

8 Die Proplast GmbH produziert 5 verschiedene Typen von Plastikbehältern auf derselben maschinellen Anlage. Die Kosten- und Erlös- sowie Produktions- und Absatzdaten ergeben sich aus der folgenden Übersicht (in €):

	B1	B2	B3	B4	B5
Variable Stückkosten	6	7	2	2	8
Fixe Kosten in der Periode			150.000		
Verkaufspreis/Stück	8	10	5	4	12
Maschinenbelegung in Minuten/Stück	2	3	2	1	3
Istabsatz in Stück	12.000	9.000	22.000	25.000	10.000
Maximalabsatz in Stück	15.000	15.000	30.000	35.000	20.000

Ermitteln Sie das optimale Produktionsprogramm (in Stück), wenn bei allen Produktarten folgende Bedingungen gegeben sind: Produktion und Absatz mindestens der bisherigen Mengen, vorübergehende Produktionsausweitung, begrenzte Kapazität der Produktionsanlage mit 180.000 Minuten in der Periode, keine Erweiterungsinvestition.

9 Die Excelsior Hotel AG wird als Tagungs- und Kongresshotel betrieben. Für den Bewirtungsbereich bietet eine Backwarenfabrik an, monatlich 300 Torten zum Preis von je 16 € zu liefern. Bislang hat das Hotel die Torten selbst hergestellt. Pro Torte fallen dabei an variablen Kosten 8 € und an fixen Kosten 11 € bei der oben genannten Menge an. Das Hotel beschäftigt einen Konditor und unterhält entsprechende Betriebsmittel.

Soll sich die Geschäftsführung für Fremdbezug entscheiden?

10 Ein Uhrenhersteller produziert zwei Uhrentypen, U 1 und U 2. Nachfolgende Bedingungen sind gegeben:

Typ	Monats-produktion	Produktions-maximum	k_v	Erzeugnisfixe Kosten	Unternehmens-fixkosten	Stück-erlös
U 1	6.000	8.000	35	50.000	210.000	75
U 2	4.000	5.000	56	80.000		120

a) Ermitteln Sie den Deckungsbeitrag I und II sowie das Betriebsergebnis (Produktionsmenge = Absatzmenge).

b) Lohnt sich die Annahme eines Zusatzauftrags über 500 Uhren U 1 zum
   Stückpreis von 40 €?

4 Plankostenrechnung

4.1 Beispiel

In einer Kostenstelle wird mit einer Planbeschäftigung x_p von 10.000 Stück gerechnet. Als dazugehörige Plankosten K_p hat man 80.000 € ermittelt. Die Aufteilung der Plankosten K_p ergibt fixe Plankosten K_{pf} in Höhe von 30.000 € und variable Plankosten K_{pv} in Höhe von 50.000 €. Der Plankostenverrechnungssatz k_{pver} beträgt 8 €/St. In der Abrechnungsperiode werden 6.000 Stück produziert. Für diese Istbeschäftigung x_i sind Istkosten K_i in Höhe von 75.000 € angefallen. In der Kalkulation werden als verrechnete Plankosten K_{pver} 48.000 € auf die Kostenträger verteilt.

Wie ist bei der Kostenkontrolle vorzugehen?

Lösung:

1. Wird die Differenz zwischen K_i und K_p betrachtet, so zeigt sich, dass die Kostenunterschreitung 5.000 € (75.000 - 80.000) kein geeigneter Maßstab der Wirtschaftlichkeit dieser Kostenstelle ist, denn die Ist- und Plankosten beziehen sich auf unterschiedliche Beschäftigungsgrade (60 % und 100 %) und sind somit nicht vergleichbar.

2. Wird die Differenz zwischen K_i und K_{pver} betrachtet, so zeigt sich, dass die Kostenüberschreitung von 27.000 € wenig aussagefähig ist, denn bei der Ermittlung von K_{pver} wurde mit Hilfe des Plankostenverrechnungssatzes von 8 €/St. völlige Proportionalität zwischen Beschäftigung und Plankosten unterstellt. Das ist aber immer dann nicht richtig, wenn in den Plankosten fixe Kostenbestandteile enthalten sind; die Plankosten verändern sich in diesem Fall nicht im gleichen Maße wie die Beschäftigung.

3. Für Zwecke der Kostenkontrolle muss man jene Kosten kennen, die bei einem Beschäftigungsgrad von 60 % unter der Voraussetzung wirtschaftlichen Verhaltens entstehen sollen. Die auf die jeweilige Istbeschäftigung x_i umgerechneten Plankosten sind die Sollkosten K_s. Die Aufteilung von K_p ergibt fixe Plankosten K_{pf} in Höhe von 30.000 € und variable Plankosten K_{pv} in Höhe von 50.000 €. Nur die

variablen Kosten ändern sich bei Beschäftigungsänderungen. Sie betragen für 6.000 produzierte Stücke 30.000 €. Also sind den 75.000 € Istkosten 60.000 € Sollkosten gegenüberzustellen. Die Differenz zwischen Ist- und Sollkosten gibt gegenüber der Kostenvorgabe Mehrkosten in Höhe von 15.000 € an und wird Verbrauchsabweichung ΔV genannt. Eine Analyse muss anschließend zeigen, auf welche Ursachen die Verbrauchsabweichung zurückzuführen und wer dafür verantwortlich ist.

Vergleicht man K_s mit K_{pver}, so wird deutlich, dass das System der Vollkostenrechnung dazu führt, bei dem veränderten Beschäftigungsgrad von 60 % nur 48.000 € auf die Kostenträger zu kalkulieren, während selbst bei wirtschaftlichem Verhalten 60.000 € dafür erforderlich sind. Die Differenz von 12.000 € wird Beschäftigungsabweichung ΔB genannt und hat ihren Grund darin, dass man fixe Kosten auf die Kostenträger zu verteilen versucht.

Verbrauchsabweichung ΔV und Beschäftigungsabweichung ΔB ergeben die Gesamtabweichung ΔG von 27.000 €.

Formelmäßig gilt:

$$\Delta V = K_i - K_s$$
$$\Delta B = K_s - K_{pver}$$
$$\Delta G = \Delta V + \Delta B$$
$$= K_i - K_{pver}$$
$$K_s = K_{pf} + \frac{K_{pv}}{x_p} \cdot x_i$$
$$K_{pver} = \frac{K_p}{x_p} \cdot x_i$$
$$= k_{pver} \cdot x_i$$
$$k_{pver} = \frac{K_p}{x_p}$$

mit

ΔV	=	Verbrauchsabweichung
K_i	=	Istkosten
K_s	=	Sollkosten
ΔB	=	Beschäftigungsabweichung
K_{pver}	=	Verrechnete Plankosten
ΔG	=	Gesamtabweichung
K_{pf}	=	Fixe Plankosten
K_{pv}	=	Variable Plankosten
x_p	=	Planbeschäftigung
x_i	=	Istbeschäftigung
k_{pver}	=	Plankostenverrechnungssatz, Plankostensatz, Kalkulationssatz

Merkmale: Kostenvergleiche, prospektive Orientierung, kurzfristige Betrachtung, Bezugsobjekt Kostenstelle, Bezugsgröße Produktionsmenge/Beschäftigung, Ermittlung
von Abweichungen.

4.2. Gestaltung

4.2.1 Grundlagen

Nach dem Zeitbezug der verrechneten Kosten ist in Ist-, Normal- und Plankosten zu
unterscheiden.

Istkosten sind mit Ist-Preisen bewertete Ist-Verbrauchsmengen. Sie bieten die Möglichkeit der Nachkalkulation, dagegen sind Schwächen: Sie ist mit großem Rechen-
aufwand verbunden (eine Erfassung der Istkosten verlangt eine genaue Zuordnung
von einzelnen erfassten Istpreisen und Istmengen), Informationen über die Istkosten
liegen erst nach der Produktion vor (für viele betriebliche Entscheidungen, z. B.
Preisfestsetzung, werden Angaben über zukünftige Kosten benötigt), sie ermöglicht
keine wirksame Kostenkontrolle (da keine geeigneten internen Kosten als Ver-
gleichswerte zur Verfügung stehen).

Normalkosten sind normale Kosten bzw. aus den Istkosten vergangener Perioden
abgeleitete Kosten. Sind die Ist-Gemeinkosten auf die Hauptkostenstellen verteilt,
stellt man sie den Normalgemeinkosten gegenüber. Sind die Normalkosten größer
als die Istkosten, lieg eine Kostenüberdeckung vor, da auf die Kostenträger mehr
Gemeinkosten verrechnet wurden als entstanden sind. Durch eine Kostenüberdeckung verbessert sich das Periodenergebnis. Sind die Istkosten größer als die
Normalkosten, spricht man von Kostenunterdeckung. Die Grenzen der Kostenkontrolle ergeben sich daraus, dass zwar die Abweichungen der Istkosten von den Normalkosten festgestellt werden können, da aber Istkosten kein Maßstab der Wirtschaftlichkeit sind, ist auch ihr Durchschnitt kein guter Wirtschaftlichkeitsmaßstab.

Plankosten werden für eine zukünftige Periode bzw. ein geplantes Produktionsprogramm als erwartete (prognostizierte) oder erstrebte Kosten verrechnet. Erwar

tete bzw. prognostizierte Plankosten werden vorgegeben, wenn im Betriebsbereich eine explizite Leistungsmessung nicht möglich ist wie z. B. im Vertrieb und in der Verwaltung. Die Prognosekosten haben den Zweck, dass Plan- und Istkosten möglichst wenig voneinander abweichen (Prognosekostenrechnung bzw. Plankostenrechnung im weiteren Sinn). Erstrebte Kosten haben den Zweck, die Wirtschaftlichkeit des Produktionsprozesses durch Vorgabe von Normen bzw. Vorgabewerte, die von den Kostenstellenleitern anzustreben sind, und durch eine Abweichungsanalyse zu verbessern (Standardkostenrechnung bzw. Plankosten-rechnung im engeren Sinn). Die erstrebten Plankosten sind meist niedriger als die prognostizierten Plankosten. Erstrebte Plankosten, kurz Plankosten, sind aufgrund von Erfahrungen und Arbeitsstudien im voraus geplante Kosten bei wirtschaftlicher Durchführung der Produktion. Sie müssen als Vorgabekosten erreichbar sein, sonst ergeben sich ungünstige psychologische Wirkungen. Die Einzelkosten werden nach Produktarten und die Gemeinkosten nach Kostenstellen differenziert für die Planperiode im Voraus festgelegt.

Die Hauptaufgabe der Plankostenrechnung ist die Kostenkontrolle. Sie erfolgt in den Kostenstellen und hat als wichtigstes Ziel die Beseitigung innerbetrieblicher Unwirtschaftlichkeiten (Plankostenrechnung im engeren Sinn bzw. Standardkostenrechnung). Die Kostenkontrolle beschränkt sich nicht nur auf das reine Gegenüberstellen von Soll und Ist. Auch die Sicherstellung der Planerreichung (Ist), die Ermittlung der Kostenabweichungen, die Abweichungsanalyse und die anschließenden Vorschläge von Korrekturmaßnahmen sind der Kontrolle zuzuordnen. Kontrolle geht damit über die reine Informationsverdichtung hinaus und ist ein informationsverarbeitender, wissensgenerierender Prozess. Wenngleich die Kontrolle vom Ermittlungsgang rückwärtsgerichtet ist, so ist sie ein zukunftsorientiertes Zahlenwerk und zielt explizit oder implizit stets auf Beeinflussung zukünftigen Verhaltens und/oder zukünftiger Ergebnisse ab. Die Plankostenrechnung ist somit nicht nur ein Kontroll-, sondern auch ein Lenkungsinstrument der Unternehmensführung.

Um eine wirksame Kostenkontrolle zu ermöglichen, ist eine aussagefähige Kostenplanung Voraussetzung. Die Kostenplanung wird in folgenden Hauptschritten durchgeführt: Einteilung des Betriebes in Kostenstellen, Auswahl der Bezugsgrößen (An zahl Materialeingänge, Fertigungsmenge/Beschäftigung, Fertigungszeit u. a.), Festlegung der Planmengen an Produktionsfaktoren, Festlegung der Planpreise für die Produktionsfaktoren, Ermittlung der Plankosten durch Multiplikation der Planpreise mit den Planmengen, Ermittlung der Plankostensätze, Bestimmung der Sollkosten.

Die Arten der Plankostenrechnung unterscheiden sich im Hinblick auf die Aufspaltung in fixe und variable Bestandteile und nach dem Umfang der verrechneten Kosten.

4.2.2 Starre Plankostenrechnung

Bei der starren Plankostenrechnung werden nur für eine Planbeschäftigung kostenartenweise die Plankosten ermittelt. Sie ist stets eine Vollkostenrechnung. Werden die Plankosten der Planbeschäftigung durch die entsprechende Planbeschäftigung dividiert, so erhält man den Plankosten(verrechnungs)satz bzw. Kalkulationssatz

$$\tan \alpha = k_{pver} = \frac{K_p}{x_p}$$

Wird die Istbeschäftigung mit dem Plankostensatz multipliziert, so stellt das Produkt die verrechneten Plankosten für die Istbeschäftigung, die man verrechnete Plankosten nennt, dar. Mit dem Plankostensatz werden somit die Kosten von der Kostenstelle auf die Kostenträger kalkuliert. Liegt in der Kontrollphase die Istbeschäftigung unter (über) der Planbeschäftigung werden weniger als die (mehr) Plankosten verrechnet. Die Gesamtabweichung hat den Charakter einer Kostenstellenüber- bzw. -unterdeckung. Da keine Anpassung der Kostenvorgabe an wechselnde Beschäftigungsgrade erfolgt, ist sie nur ausnahmsweise für die Wirtschaftlichkeitskontrolle geeignet, wenn in einer Kostenstelle aufgrund der realen Produktions- bzw. Leistungsbedingungen die Istbeschäftigung nur geringfügig von der Planbeschäftigung abweicht oder die Plankosten nahezu beschäftigungsunabhängig sind, z. B. für ganzjährig betriebene Kraftwerke oder für Behörden und Verwaltungen, in denen sie als Budgetkostenrechnung eingesetzt wird.

4.2.3 Flexible Plankostenrechnung

Bei der flexiblen Plankostenrechnung wird zunächst der Plankostensatz bestimmt. Die Ermittlung der Sollkosten setzt die Zerlegung der Kosten in fixe und variable Bestandteile voraus. Eine flexible Plankostenrechnung auf Vollkostenbasis verrechnet fixe und variable Plankosten. Als Verfahren der Sollkostenberechnung kommen in Frage:

1. Stufenplanung: Im Kostenplan der Kostenstelle werden für unterschiedliche Beschäftigungsgrade (60 %, 70 %, 80 % usw.) die entsprechenden Kosten geplant. Liegt der tatsächliche Beschäftigungsgrad zwischen zwei geplanten, kann man die Sollkosten durch Interpolation feststellen. Die Stufenplanung kann auch nichtlineare Kostenverläufe und stufenfixe Kosten berücksichtigen.

2. Variatorrechnung: Den Kostenarten wird eine Kennzahl = Variator beigegeben. Der Variator ist eine Messgröße für die Variabilität der Kosten bei einer Änderung der Beschäftigung. Er gibt an, um wie viel Prozent die Sollkosten sich ändern, wenn die Beschäftigung um 10 % variiert. Für den Variator wird statt der prozentualen Schreibweise meist die Zahl 10 als Basis verwendet: $V = (K_{pv} : K_p)$ x 10. Ein Variator von 7 besagt, dass bei einem Beschäftigungsrückgang um 10 % die Sollkosten um 7 % fallen. Liegt die Istbeschäftigung z. B. mit 12.000 Stück um 40 % unter der Planbeschäftigung von 20.000 Stück, dann müssen die zugehörigen Sollkosten um 28 % unter den Plankosten der Basisbeschäftigung (40 % x 7) : 10 = 28 % liegen.

3. Sollkostenfunktion $K_s(x_i) = K_{pf} + (k_{pv} \cdot x_i)$. Die Sollkostenfunktion als funktionale Beziehung zwischen Beschäftigung und Sollkosten wird berechnet, um bei jeder beliebigen Istbeschäftigung die entsprechenden Sollkosten ermitteln zu können.

4. Getrennter Ausweis: Die in der Praxis überwiegend verwendete Methode ist der getrennte Ausweis von fixen und variablen Kosten im Kostenplan. Man benötigt je eine Spalte für die fixen und für die variablen Kosten jeder Planbezugsgröße, für die Sollkosten, die Istkosten und die Abweichung(en). Damit die Plankosten-

rechnung praktikabel ist, muss für den Verlauf der Sollkosten - wie bei der Variatorrechnung - ein linearer Verlauf angenommen werden.

Bei der flexiblen Plankostenrechnung auf Teilkostenbasis (Grenzplankostenrechnung) werden in die kostenstellenweise Kostenkontrolle und in die Kalkulation nur die
variablen Kosten einbezogen. Den variablen Plankosten(verrechnungs)satz k_{pverv}
erhält man mit dem Quotienten $K_{pv} : x_p$. Wird die Istbeschäftigung mit diesem Quotienten multipliziert, so stellt das Produkt die verrechneten (variablen) Plankosten
dar. Die verrechneten Plankosten und die Sollkosten stimmen überein. Die kontroll-
relevanten variablen Istkosten ergeben sich als Saldo der gesamten Istkosten und
der Fixkosten. Da die Beschäftigungsabweichung nur fixe Kosten enthält, ist sie in
der Grenzplankostenrechnung per definitionem gleich Null und muss überhaupt nicht
ermittelt werden. Die fixen Kosten werden als Block unmittelbar in die Betriebsergebnisrechnung übergeleitet.

Formelmäßig gilt:

$$\Delta V/TKR = K_{iv} - K_{sv}$$
$$K_{iv} = K_i - K_{pf}$$
$$K_{sv} = \frac{K_{pv}}{x_p} \cdot x_i$$

mit

$\Delta V/TKR$	= Verbrauchsabweichung auf Teilkostenbasis
K_{iv}	= Variable Istkosten
K_{sv}	= Variable Sollkosten
K_{pv}	= Variable Plankosten

4.2.4 Grafische Darstellung

In der grafischen Darstellung verbindet die Linie der verrechneten Plankosten den
Koordinatenursprung mit den Plankosten bei Planbeschäftigung. Jeder Punkt dieser
Linie zeigt die Höhe der verrechneten Plankosten bei dem jeweiligen Beschäftigungsgrad an. Der lineare Verlauf der verrechneten Plankosten stellt in der Vollkostenrechnung eine Fiktion dar. Die Sollkosten sind bei einer Beschäftigung von 0 genau so hoch wie die fixen Kosten. Die lineare Sollkostenkurve mit dem Stei-
gungswinkel tg · ß gibt die Plankosten für die unterschiedlichen Beschäftigungs-

gerade wieder. Damit sind die Voraussetzungen für die Zerlegung in Teilabweichungen (Beschäftigungs-, Verbrauchsabweichung) geschaffen.

Folgende Abbildung zeigt die grafische Darstellung der Kostenkontrolle bei flexibler Plankostenrechnung mit Vollkosten (links) und Teilkosten (rechts):

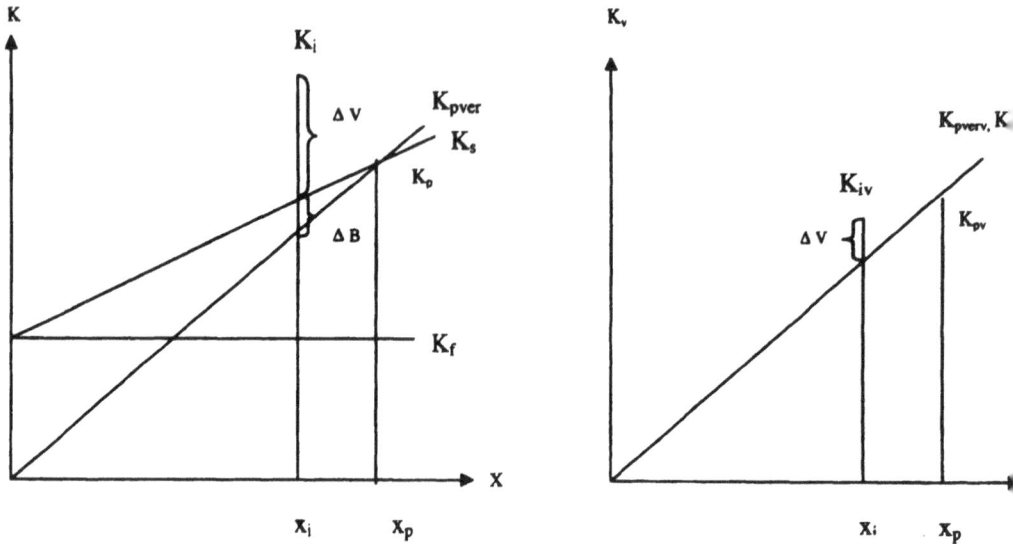

4.2.5 Abweichungsanalyse

Bei der Abweichungsanalyse kann gezeigt werden, inwieweit die Gesamtabweichung zum einen auf die Beschäftigung (Beschäftigungsabweichung) und zum anderen auf Unwirtschaftlichkeiten beim Faktoreinsatz (Verbrauchsabweichung) zurückzuführen ist.

Die Beschäftigungsabweichung beruht auf der Verteilung der fixen Kosten auf Kostenträger. Sie stellt keine reale Kostenabweichung dar, sondern eine verrechnungstechnisch bedingte Abweichung, die zum Ausdruck bringt, welcher Fixkostenbetrag zu viel oder zu wenig auf die Produkte verrechnet wurde. Sie kommt aufgrund der Verwendung voller Plankalkulationssätze, mit denen Fixkosten anteilig auf die Bezugsgrößenmenge und damit auf die Produkte verrechnet werden, zustande. Bei einem Rückgang (Anstieg) der Beschäftigung müsste ein höherer (niedrigerer) Kalkulationssatz verwendet werden, da die in gleicher Höhe anfallenden Fixkosten auf eine geringere (größere) Anzahl von Produkten verteilt werden müssten. Der Plankalkulationssatz bleibt aber in der Regel für das ganze Jahr konstant und damit werden in der Kalkulation zu wenig (zu viel) Fixkosten verrechnet. Werden beispielsweise für eine Planbezugsgröße von 15.000 Fertigungsminuten Plankosten in Höhe von 150.000 € ermittelt, in denen Fixkosten in Höhe von 60.000 € enthalten sind, dann werden mit dem Plankalkulationssatz in Höhe von 10 € Fixkosten in Höhe von 4 € je Fertigungsminute verrechnet. Beträgt die tatsächliche Beschäftigung nur 12.000 Fertigungsminuten müsste der Plankalkulationssatz erhöht werden, da die konstanten Fixkosten auf diese 12.000 Minuten verteilt werden sollten und damit 5 € je Minute verrechnet werden müssten. Eine Durchführung der Kalkulation mit den jeweiligen Verrechnungssätzen der abgelaufenen Periode ist allerdings mit zu viel Aufwand verbunden. Statt dessen wird der gesamte Verrechnungsfehler in Form der Beschäftigungsabweichung ermittelt und als Gesamtsumme zur Korrektur des Betriebsergebnisses verwendet.

Die Verbrauchsabweichung zeigt an, in welchem Umfang ein Mehrverbrauch (Minderverbrauch) an Produktionsfaktoren gegenüber dem für die Istbeschäftigung geplanten Faktoreinsatz stattgefunden hat. Verbrauchsabweichungen sind in der Regel Unwirtschaftlichkeiten und müssen auf ihre Ursachen analysiert werden.

Weitere Kostenbestimmungsfaktoren können auftreten, beispielsweise die Preis-, Intensitäts-, Losgrößen-, Verfahrens-, Produktfolge-, Auftragszusammensetzungen. Sind sie nicht vom Kostenstellenleiter zu verantworten, sind sie vor Beginn der Abweichungsanalyse abzuspalten. Neben den Faktorverbrauchsmengen muss man die Faktorpreise planen (Plankosten = Planmengen x Planpreise). Da es um die Wirtschaftlichkeit der Kostenstelle geht, wird in der Praxis der Plankostenrechnung durchweg mit Planpreisen (festen Verrechnungspreisen) gerechnet (Istkosten = Istmengen x Planpreise, Sollkosten = Sollmengen x Planpreise), d. h. die Preisabweichung außerhalb der Kostenstellenrechnung ermittelt. Bei der Abspaltung der Spezialabweichungen ist wie folgt vorzugehen: Die Mengenabweichung ergibt sich aus der Differenz von Istkosten und Sollkosten, wobei sich in den Istkosten bis auf die Faktorpreise alle Kostenbestimmungsfaktoren mit ihren Istwerten auswirken und in den Sollkosten mit Ausnahme der Beschäftigung alle Kostenbestimmungsfaktoren mit ihren Planwerten enthalten sind. Die Sollkosten mit diesem Inhalt werden als Sollkosten 1 bezeichnet. Wenn nun der Einfluss eines speziellen Kostenbestimmungsfaktors aus der Mengenabweichung abgespalten werden soll, dann müssen die Sollkosten 1 zu den Sollkosten 2 umgerechnet werden, die neben der Beschäftigung auch den betrachteten Kostenbestimmungsfaktor mit seinem Istwert und alle weiteren Kostenbestimmungsfaktoren mit ihren Planwerten enthalten. Die Differenz zwischen Sollkosten 2 und Sollkosten 1 ist die erste Spezialabweichung. In gleicher Weise wäre für weitere Kostenbestimmungsfaktoren vorzugehen (Sollkosten 3 - Sollkosten 2 = 2. Spezialabweichung). Nach Abspaltung der in der Verbrauchsabweichung enthaltenen Spezialabweichungen verbleibt schließlich die wirtschaftlichkeitsbedingte Restabweichung aufgrund eines Mehr- oder Minderverbrauchs an Produktionsfaktoren.

Ein spezielles Problem bei der Durchführung von Abweichungsanalysen ergibt sich, wenn die Abweichungen nicht additiv nebeneinander auftreten, sondern multiplikativ miteinander verknüpft sind und sie sich zudem gleichzeitig ändern. In diesen Fällen kommt es zu Abweichungsüberschneidungen oder Abweichungen höheren (zweiten, dritten, ..., n-ten) Grades je nach der Anzahl der multiplikativ miteinander verknüpften Kostenbestimmungsfaktoren, denen nicht mehr eindeutig eine bestimmte Abweichungsursache zugewiesen werden kann. Als Konzepte für die Verrechnung von Abweichungsüberschneidungen unterscheidet man die proportionale, die symmetrische, die alternative, die differenziert-alternative, die kumulative und die differenziert-kumulative Abweichungsanalyse bzw. -verrechnung. In der kumulativen Abweichungsanalyse muss zuerst eine Reihenfolgeregelung vorgenommen werden. Sie ermittelt die Abweichungen nacheinander. Dieses Vorgehen hat zur Folge, dass in den Abweichungen die Abweichungen höheren Grades anteilig mit verrechnet sind, so dass sich keine überschneidungsfreien Abweichungen ergeben. Nur die zuletzt abgespaltene Abweichung wäre eine reine Abweichung, da alle Abweichungen höheren Grades bereits mit den vorhergehenden Abweichungen abgespalten worden sind. Die Teilabweichungen ergeben zwar in der Summe die Gesamtabweichung, trotzdem sind die Werte aufgrund der Abweichungsüberschneidungen verfälscht.

Daraus leitet sich die Regel ab, zuerst alle weniger aussagefähigen Abweichungen abzuspalten und somit zum Schluss die für Kontrollzwecke relevante überschneidungsfreie Abweichung zu erhalten. Die differenziert-kumulative Abweichungsanalyse weist die Abweichungen höheren Grades differenziert aus. Es werden keine Abweichungen höheren Grades in Abweichungen niederen Grades teilverrechnet. Damit ist die Methode am ehesten für eine verursachungsgerechte Abweichungsanalyse geeignet. Die in der Praxis präferierte Methode ist jedoch die kumulative Abweichungsverrechnung.

Beispiel:

In der Brauerei Brau und Brunnen AG wurde im Rahmen der Kostenrechnung bei einer geplanten Ausbringung von 100 hl des Bestsellers „Premium Pils" ein Planverbrauch von 5.000 kg Hopfen zu einem Planeinstandspreis von 1,50 €/kg zugrunde gelegt. Während die Ausbringung wie geplant realisiert wurde, stiegen der Verbrauch an Hopfen auf 7.500 kg und der Hopfenpreis auf 1,65 €/kg an.

a) Stellen Sie die Abweichungen grafisch, nach der analytischen, kumulativen und differenziert - kumulativen Methode dar.
b) Interpretieren Sie kurz die Ergebnisse.

Lösung:

a)

1. Grafische Darstellung der Abweichungen

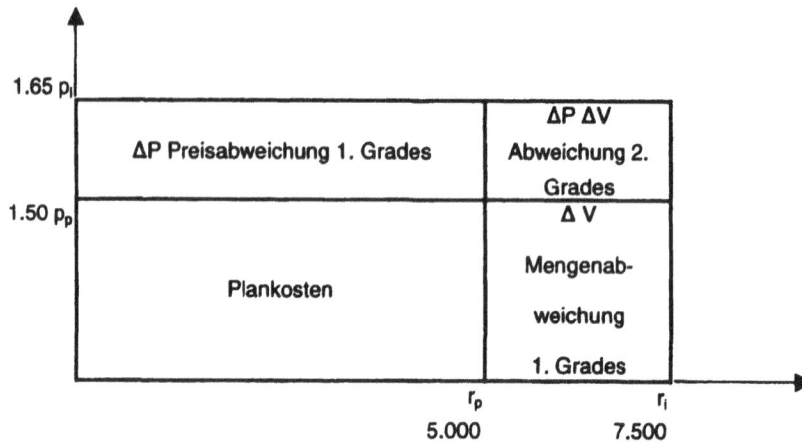

mit

r = Faktormenge

p = Faktorpreise

$\Delta P = \Delta p \cdot r_p$ = Preisdifferenz • Planmenge

$\Delta V = p_p \cdot \Delta r$ = Planpreis • Mengendifferenz

$\Delta P \Delta V = \Delta p \cdot \Delta r$ = Preisdifferenz • Mengendifferenz

2. Alternative Abweichungsanalyse

$\Delta P = p_i \cdot r_i - p_p \cdot r_i$

$\quad = 1,65 \cdot 7.500 - 1,50 \cdot 7.500 \qquad = 1.125$

$\Delta V = p_i \cdot r_i - p_i \cdot r_p$

$\quad = 1,65 \cdot 7.500 - 1,65 \cdot 500 \qquad = 4.125$

$\Delta G \qquad\qquad\qquad\qquad\qquad\qquad = 5.250$

3. Kumulative Abweichungsanalyse

$\Delta P = p_i \cdot r_i - p_p \cdot r_i$

$\quad = 1,65 \cdot 7.500 - 1,50 \cdot 7.500 \qquad = 1.125$

$\Delta V = p_p \cdot r_i - p_p \cdot r_p$

$\quad = 1,50 \cdot 5.000 - 1,50 \cdot 7.500 \qquad = 3.750$

$\Delta G \qquad\qquad\qquad\qquad\qquad\qquad = 4.875$

4. Differenziert-kumulative Abweichungsanalyse

$\Delta P = \Delta p \cdot r_p$

   $= 0,15 \cdot 5.000$ $= \quad 750$

$\Delta V = p_p \cdot \Delta r$

   $= 1,50 \cdot 2.500$ $= 3.750$

$\Delta 2 = \Delta p \cdot \Delta r$

   $= 0,15 \cdot 2.500$ $= \quad 375$

$\overline{\Delta G} \qquad\qquad\qquad\qquad\qquad\qquad = 4.875$

b)

Die differenziert – kumulative Methode weist alle Teilabweichungen (die Mengen-
und die Preisabweichung) getrennt aus. Die exakte Preisabweichung beträgt 750, die
exakte Verbrauchsabweichung 3.750, die Abweichung 2. Grades ($\Delta 2$), die ent- stan-
den ist, weil sich Preis und Verbrauch gleichzeitig erhöht haben, 375. Die Summe
der Teilabweichungen stimmt mit der Gesamtabweichung überein. Die Gesamtabweichung beträgt 4.875. Bei der kumulierten Abweichungsanalyse ist die Mengenabweichung eine reine Teilabweichung und enthält keinen Anteil aus der Abweichung 2. Grades. Die Abweichung 2. Grades wird komplett der Preisabweichung zu-
geschlagen, d. h. die Abweichung 2. Grades steckt in der zuerst abgespaltenen
Preisabweichung. Die alternative Methode erfasst die Abweichung 2. Grades doppelt, weshalb die Summe um 375 zu hoch ist. Die unterschiedlichen Ergebnisse bei
den einzelnen Verfahren haben ihre Ursache in der Behandlung der Abweichung 2.
Grades.

In der betrieblichen Praxis müssen die Abweichungen mit den Kostenstellenverant-
wortlichen durchgesprochen werden. Dabei sollen die konkreten Ursachen ausfindig
gemacht werden. Der nächste Schritt der Abweichungsanalyse ist die Zusammenfassung der Ergebnisse von Analyse und Durchsprache in einem übersichtlichen Kostenstellenbericht. Um Abweichungen präzise lokalisieren zu können, müssen die
Verbrauchsabweichungen für jede Kostenart separat ausgewiesen, die Beschäftigungsabweichung nur für die Kostenstelle insgesamt berechnet werden.

Ein Kostenstellenbericht bei der flexiblen Plankostenrechnung auf Vollkostenbasis kann wie folgt aussehen:

Monat September 2004				KoSt:	Fräserei		
				Leiter:	H. Braun		
Planbezugsgröße	Fertigungsstunden						
Planmenge	800 h						
Istmenge	500 h						
Kostenart	Plankosten			Sollkosten		Ist-kosten	Ver-brauchs-abw.
	fix	variabel	gesamt	variabel	gesamt		
Fertigungslöhne		20.000	20.000	12.500	12.500	12.890	+390
Hilfslöhne	4.000	8.000	12.000	5.000	9.000	11.320	+2.320
Personalzusatzkosten	2.000	14.000	16.000	8.750	10.750	12.975	+2.225
Betriebsstoffe	1.000	4.000	5.000	2.500	3.500	3.385	-115
Werkzeuge		5.000	5.000	3.125	3.125	3.455	+330
Reparaturen		3.000	3.000	1.875	1.875	6.725	+4.850
Kalk. Abschr.	18.000	6.000	24.000	3.750	21.750	21.750	0
Kalk. Zinsen	12.000		12.000		12.000	12.000	0
Raumkosten	3.000		3.000		3.000	3.000	0
Summe	40.000	60.000	100.000	37.500	77.500	87.500	10.000

Plankostensatz	125 €/h
Variabler Plankostensatz	75 €/h
Fixer Plankostensatz	50 €/h
Verrechnete Plankosten	62.500 €
Verbrauchsabweichung	10.000 €
Beschäftigungsabweichung	15.000 €
Gesamtabweichung	25.000 €

Zweckmäßig kann eine statistische Abweichungsanalyse sein. Dabei kann die Frage beantwortet werden, ob eine Abweichung nicht nur zufällig, sondern mit einer hinreichenden Wahrscheinlichkeit signifikant ist. Voraussetzung für eine statistische Auswertung ist das Vorliegen einer Datenreihe. Dies können beispielsweise Kostendaten der letzten Monate sein. Die statistische Abweichungsanalyse kann heute einfach mit Tabellenkalkulationsprogrammen durchgeführt werden.

4.3   Beurteilung

Nur im Rahmen der Plankostenrechnung lässt sich eine wirksame Kostenkontrolle durchführen. Im Soll-Ist-Vergleich werden die Istkosten mit den Sollkosten verglichen, die aufgrund ihres Vorgabecharakters als Maßstab der Wirtschaftlichkeit geeignet sind. Die Grenzkostenrechnung kann als das System bezeichnet werden, das die Aufgaben der Kostenkontrolle am Besten löst.

4.4   Aufgaben Nr. 11 bis 15

11   In der Kostenstelle Dreherei betragen die geplanten Gemeinkosten 5.780 €. Die Kostenauflösung hat ergeben, dass 3.300 € fix und 2.480 € variabel sind. Die geplanten Fertigungsstunden betragen 4.000. Nach Ablauf der Planungsperiode betragen die Ist-Gemeinkosten 5.497 € und die Ist-Arbeitsstunden 3.400.

Ermitteln Sie die Gesamtabweichung sowie die Verbrauchs- und die Beschäftigungsabweichung.

12   In einem Einproduktunternehmen werden in einer Kostenstelle die Stückzahlen als Bezugsgröße herangezogen. Für eine Periode werden folgende Planwerte ermittelt: Planbeschäftigung 1.000 Stück, geplante variable Kosten 5 €/St., geplante fixe Kosten 3.000 €. Zum Schluss der Periode konnte eine tatsächliche Produktion von 600 Stück realisiert werden. Hierfür sind Ist-Kosten in Höhe von 7.500 € angefallen. Die darin enthaltenen Fixkosten betragen - wie geplant - 3.000 €.

a)   Wie hoch sind die Plankosten, die verrechneten Plankosten und Sollkosten aufgrund einer starren Plankostenrechnung, einer flexiblen Plankostenrechnung auf Vollkostenbasis und einer flexiblen Plankostenrechnung auf Teilkostenbasis?

b)   Wie hoch sind eine Gesamt-, eine Verbrauchs- und eine Beschäftigungsabweichung auf der Basis der drei bzw. möglichen Planungsalternativen?

13   Ein Unternehmen plant die Produktion von 15.000 Stück eines Produkts innerhalb eines Monats. Die Gesamtkosten werden mit 180.000 € geplant, davon sind 45.000 € fix. Die variablen Kosten enthalten ein fertig bezogenes Teil, das mit 2,20 € geplant ist. Bis Monatsende wurden 11.000 Stück produziert und abgesetzt, die Istkosten liegen bei 190.000 €. Für das bezogene Teil wurden im Durchschnitt 3,40 € bezahlt.

Ermitteln Sie die Gesamt-, Preis-, Verbrauchs-, Beschäftigungsabweichung.

14 Für die Fertigungskostenstelle Fräserei wird für den Monat September eine Planbeschäftigung von 800 Fertigungsstunden bei Plankosten von 100.000 € ermittelt. Die Plankosten sind zu 40.000 € fix und zu 60.000 € variabel. Nach Ablauf des Monats stellt man eine Istbeschäftigung von 500 Fertigungsstunden und Istkosten in Höhe von 87.500 € fest.

Führen Sie die Kostenkontrolle aufgrund der flexiblen Plankostenrechnung auf Teilkostenbasis (Grenzkostenrechnung) durch.

a) Stellen Sie die Sollkostenfunktion auf.

b) Berechnen Sie die Verbrauchsabweichung.

15 In einer flexiblen Plankostenrechnung auf Teilkostenbasis wird für eine Kostenstelle eine Beschäftigung von 1.200 Stück geplant. Die Plankosten betragen 6.000 €; davon entfallen 60 % auf die Fixkosten.

Ermitteln Sie für eine Istbeschäftigung von 850 Stück die verrechneten Plankosten, Sollkosten, Verbrauchs-, Beschäftigungsabweichung.

5   Kurzfristige Erfolgsrechnung und Erfolgsplanung

5.1   Beispiel

Ein Maschinenbauer erzielte im Quartal 01 einen Umsatz von 200 Mio. € bei Gesamtkosten in Höhe von 197 Mio. €. Die Bestände der fertigen Erzeugnisse sind um 18 Mio. € gestiegen, die Bestände der unfertigen Erzeugnisse um 15 Mio. € gesunken. Eine selbst hergestellte Maschine, deren Herstellkosten sich auf 4 Mio. € belaufen, wurde im eigenen Betrieb installiert und als aktivierte Eigenleistung erfasst. Dann beträgt der Umsatz 190 Mio. € (= 197 Mio. € Gesamtkosten + 15 Mio. € Bestandsminderung der unfertigen Erzeugnisse - 18 Mio. € Bestandsmehrung der fertigen Erzeugnisse - 4 Mio. € aktivierte Eigenleistung).

Berechnen Sie das Betriebsergebnis.

Lösung:

Lösung 1			Lösung 2	
Umsatzerlöse	200 Mio. €		Umsatzerlöse	200 Mio. €
+ Bestandsmehr FE	18 Mio. €		- Kosten des Absatzes	190 Mio. €
- Bestandsmind UE	15 Mio. €		= Betriebsergebnis	10 Mio. €
+ Aktivierte Eigenleistung	4 Mio. €			
= Betriebsleistung	207 Mio. €			
- Kosten der Produktion	197 Mio. €			
= Betriebsergebnis	10 Mio. €			

Merkmale: Rechengrößen Erlöse und Kosten, kurzfristige Betrachtung, Staffelform, Berechnung des Betriebsergebnisses bei Lösung 1 auf zweifache Weise, unterschiedliche Kostenerfassung, Berücksichtigung von Bestandsveränderungen, Gesamt- und Umsatzkostenverfahren führen zum gleichen Betriebsergebnis.

5.2   Gestaltung

In regelmäßigen kurzfristigen Zeitabständen muss der Erfolg (Gewinn bzw. Verlust) aus betrieblicher Tätigkeit ermittelt werden. Die Notwendigkeit dieser Informationsbereitstellung ergibt sich aus den laufenden unternehmerischen Planungs-, Steuerungs- und Kontrollaufgaben. Der Erfolg ist die Differenz zwischen den (bewerteten)

Leistungen (Erlösen, Umsatz) und den Kosten, die für diese Leistungen angefallen sind. Es kann sowohl der Erfolg eines Betrachtungszeitraumes (Betriebsergebnis bzw. Betriebserfolg, Betriebsgewinn bzw. Betriebsverlust), einzelner Produkte, Produktgruppen, Verkaufsabteilungen, Sparten oder Geschäftsbereiche ermittelt werden.

Verfahren der kurzfristigen Erfolgsrechnung sind das Gesamt- und Umsatzkostenverfahren, Verfahren der Erfolgsplanung ist die Break-even-Analyse.

5.2.1 Gesamt- und Umsatzkostenverfahren

Das Gesamtkostenverfahren stellt die nach Kostenarten erfassten Gesamtkosten eines kurzfristigen Zeitraumes (Monats, Quartals) den meist nach Produktarten gegliederten Erlösen (Umsätzen, Leistungen) gegenüber. Die Gesamtkosten beziehen sich auf die produzierte Menge, die Erlöse auf die abgesetzte Menge. Ungleiche Mengen müssen korrigiert werden. Bestandsveränderungen (-mehrungen, -minderungen) - bewertet zu Herstellkosten - sind zu berücksichtigen. Bestandsmehrungen sind den Erlösen, Bestandsminderungen den Kosten zuzufügen. Das Gesamtkostenverfahren erfordert eine Kostenartenrechnung und somit einen geringen rechentechnischen Aufwand.

Das Umsatzkostenverfahren stellt die Selbstkosten für die abgesetzten Produkte eines Zeitraumes den Erlösen für diese Produkte gegenüber. Kosten und Erlöse beziehen sich auf die abgesetzte Menge, eine Berücksichtigung von Bestandsveränderungen erübrigt sich. Das Umsatzkostenverfahren erfordert eine Kostenträgerstückrechnung.

Zusammenfassung: Beim kostenartenorientierten Gesamtkostenverfahren werden die Kosten der produzierten Produkte einer Periode den Erlösen der abgesetzten Produkte dieser Periode, beim kostenträgerorientierten Umsatzkostenverfahren die Selbstkosten der abgesetzten Produkte einer Periode den Erlösen dieser Periode gegenübergestellt; beim Gesamtkostenverfahren wird das Betriebsergebnis aus der gesamten Produktionstätigkeit der Periode, beim Umsatzkostenverfahren aus dem während der Periode getätigten Umsatz, dem die durch den Umsatz verursachten Kosten zuzuordnen sind, abgeleitet; das Gesamtkostenverfahren ist eine Produktionserfolgsrechnung, das Umsatzkostenverfahren eine Absatzerfolgsrechnung.

Das Umsatzkostenverfahren wird nicht nur auf Vollkostenbasis sondern auch auf Teilkostenbasis angewendet. Man zieht von den Umsatzerlösen zunächst die variablen Kosten der abgesetzten Produkte ab und vergleicht den so erhaltenen Deckungsbeitrag mit dem Fixkostenblock.

Schematisch gilt:

Umsatzerlöse
- Variable Selbstkosten (der abgesetzten Produkte)
- Fixkosten (der Periode)
= Betriebsergebnis

Beispiel:

Gegeben sind folgende Daten:

	P1	P2	P3	
Absatz in Stück	900	1500	750	
Volle Selbstkosten in €	90	80	120	
Variable Selbstkosten in €	40	35	90	
Verkaufspreis in €/St.	120	75	200	
Fixkosten der Periode €				150.000

Erstellen Sie die kurzfristige Erfolgsrechnung nach dem Umsatzkostenverfahren auf Vollkosten- und auf Teilkostenbasis. Interpretieren Sie die Differenz der Ergebnisse.

Lösung:

UKV/VKR

	P1	P2	P3	Σ
E	108.000	112.500	150.000	370.500
- SKA	81.000	120.000	90.000	291.000
= BE				79.500

UKV / TKR

	P1	P2	P3	Σ
E				370.500
- K_vA	36.000	52.500	67.500	156.000
= DB				214.500
- Kf				150.000
= BE				64.500

$BE_{UKV/VKR} - BE_{UKV/TKR} = 79.500 - 64.500 = 15.000$

Die Ergebnisse weichen aufgrund der unterschiedlichen Verrechnung fixer Kosten voneinander ab. Das UKV/VKR führt - als Folge von Bestandserhöhungen - zu einem höheren Betriebsergebnis. Während beim UKV/TKR in jeder Abrechnungsperiode die in dieser Periode insgesamt angefallenen Fixkosten erfolgsschmälernd verrechnet werden, gilt dies beim UKV/VKR nur für jene Fixkosten, die in den vollen Selbstkosten der in der Periode abgesetzten Produkte enthalten sind. Hieraus folgt: Wenn in einer Periode die Produktionsmenge größer als die Absatzmenge ist bzw. wenn Bestandsmehrungen auftreten, dann führt das UKV/VKR zu einem höheren Periodenerfolg als das UKV/TKR. In der Vollkostenrechnung werden die Bestandsveränderungen zu vollen Herstellkosten bewertet, sie enthalten somit auch Fixkosten, die bei einer Lagerzunahme in der Bilanz aktiviert und nicht erfolgsschmälernd in der Produktionsperiode verrechnet werden. In der Teilkostenrechnung bewertet man dagegen zu variablen Kosten und verrechnet den gesamten Fixkostenblock erfolgsschmälernd in seiner Entstehungsperiode. Das entgegengesetzte Ergebnis erhält man in Perioden mit Bestandsminderungen. In diesem Fall verrechnet man in der Vollkostenrechnung neben den Fixkosten der laufenden Periode auch noch gelagerte Fixkosten aus früheren Perioden.

Die Frage, welches der beiden Verfahren die periodengerechtere Erfolgszahl liefert, ist gleichbedeutend mit der nach der verursachungsgerechten Behandlung der Fixkosten. Nach TKR sind Fixkosten Periodenkosten, die für die Aufrechterhaltung der betrieblichen Kapazität anfallen. Als von der Ausbringungsmenge unabhängige Periodenkosten können sie nicht verursachungsgerecht auf die Kostenträger verrechnet und deshalb auch nicht in den Beständen aktiviert werden. Da die für die Betriebsbereitschaft jetzt anfallenden Fixkosten in der Regel keine zukünftigen Ersparnisse bedeuten, werden sie in ihrer Entstehungsperiode voll zu Lasten der Erfolgsrechnung ausgebucht. Nach VKR ist ohne die fixen (Herstell-)Kosten eine Produktion überhaupt nicht möglich und deshalb sind auch anteilige Beträge oder notwendige Kosten in den Lagerbeständen zu aktivieren. Die Konsequenz dieses Verfahrens ist, dass man in absatzschwachen Perioden über die Bestandserhöhungen Fixkosten auf Lager "verkauft". Dadurch wird die Aussagefähigkeit der Erfolgszahl sehr beeinträchtigt, denn der durch die Absatzlage bedingte Erfolgsrückgang kann aufgrund der Fixkostenaktivierung teilweise wieder kompensiert werden. Für dispositive Aufgaben ist

das UKV/TKR im Hinblick auf die Qualität des Zahlenmaterials dem UKV/VKR über-
legen.

5.2.2 Break-even-Analyse

Die Break-even-Analyse untersucht den Zusammenhang zwischen Kosten, Absatz,
Erlös und Gewinn. Es geht in erster Linie um die (zahlenmäßige und grafische) Bestimmung der Absatzmenge, bei der die Gesamtkosten durch den Gesamterlös (Ge-
samtumsatz) gedeckt sind, bei der man also weder Gewinn noch Verlust erzielt. Die
ermittelte Absatzmenge wird als Break-even-point, Gewinn- und Nutzschwelle bezeichnet. Damit ist die Break-even-Analyse ein Instrument zur Erfolgsplanung und –
kontrolle. Zahlenmäßig kann man den Break-even-point bestimmen, indem man die
Erfolgsgleichung BE = E - K gleich Null setzt und nach x auflöst. Dann ergibt sich
x_{BEP} = Fixe Gesamtkosten: Stückdeckungsbeitrag. Der Break-even-point liegt dort,
wo die kumulierten Deckungsbeiträge den fixen Gesamtkosten entsprechen. Es wird
damit deutlich, dass die Deckungsbeiträge zunächst gegen den Fixkostenblock auf-
gerechnet werden.

Grafisch liegt der Break-even-point im Schnittpunkt von Gesamterlös- und Gesamtkostenkurve bzw. von Gesamtdeckungsbeitrags- und Fixkostenkurve.

Folgende Abbildung zeigt die grafische Darstellung des Break-even-points bei Einproduktunternehmen:

K, E, DB

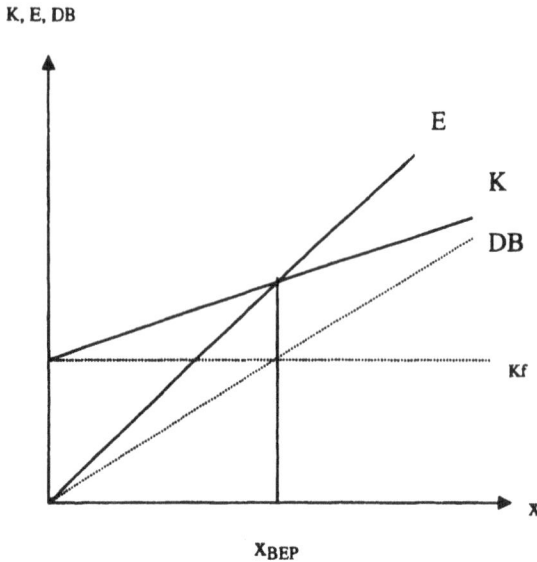

Bei der Break-even-Analyse (Einproduktunternehmen) kann die Fragestellung in verschiedener Hinsicht variiert werden:

Den Umsatz im Break-even-point erhalten wir, indem die Break-even-Menge mit dem Preis multipliziert wird:

$$U_{BEP} = p \cdot x_{BEP}$$

Ist das Risiko von Interesse, um wie viel Prozent der derzeitige Absatz bzw. Umsatz höchstens zurückgehen darf, ohne den Break-even-point zu unterschreiten, ist der Sicherheitskoeffizient ein geeigneter Maßstab. Formelmäßig gilt:

$$S_{BEP} = \frac{x_i - x_{BEP}}{x_i} \times 100$$

Ein Sicherheitskoeffizient von z. B. 37,5 % zeigt an, um wie viel Prozent der derzeitige Absatz oder Umsatz relativ (oder absolut) zurückgehen kann, bis das Unternehmen (für das betreffende Produkt) in die Verlustzone tritt. Je höher der Sicherheitskoeffizient S_{BEP}, umso besser ist das Unternehmen gegen die Möglichkeit eines Verlustes abgesichert.

Bei der Break-even-Analyse können einzelne Parameter (Fixkosten, Variable Kosten, Erlöse) schrittweise verändert werden. Die Sensitivitätsanalysen zeigen, welche Auswirkungen durch Entscheidungen entstehen, die die Fixkosten, variablen Kosten und/oder Erlöse betreffen.

Unter Liquiditätsgesichtspunkten kann kurzfristig auf die Deckung der nicht auszahlungswirksamen Kosten verzichtet werden. Dieser Ansatz ist deswegen in Zeiten von Liquiditätsengpässen bedeutsam. In einer solchen Situation kann das Unternehmen kurzfristig auf die Deckung der nicht zahlungswirksamen Fixkosten verzichten, muss aber einen ausreichenden Deckungsbeitrag erwirtschaften, um die zahlungswirksamen Fixkosten wie Gehälter, Fremdmieten, Steuern aufzubringen Von den fixen Gesamtkosten werden die nicht zahlungswirksamen Kosten, im Wesentlichen die kalkulatorischen Abschreibungen und die kalkulatorischen Zinsen auf das Eigenkapital, abgezogen. Dann ergibt sich die Break-even-Menge im Cash point:

$$x_{BEPC} = \frac{\text{Fixe Gesamtkosten – nicht zahlungswirksame Fixkosten}}{\text{Stückdeckungsbeitrag}}$$

Für Zwecke der Erfolgsplanung kann von Interesse sein, wie viel mehr abzusetzen ist, wenn mit Gewinn produziert und abgesetzt werden soll. Fordert die Unternehmensführung einen Mindestgewinn zu erwirtschaften, dann ist der Break-even-point bei gegebenem Stückerlös erst dann erreicht, wenn neben den Fixkosten auch der Mindestgewinn durch die kumulierten Deckungsbeiträge abgedeckt ist. Der Break-even-point berechnet sich dann nach der Formel:

$$x_{BEPG} = \frac{K_f + G^*}{db}$$

G^* = Mindestgewinn vor Ertragssteuern; bei Mindestgewinn nach Steuern gilt Mindestgewinn nach Steuern : (1 - Steuersatz). Grafisch verschiebt sich bei Erfüllung eines Mindestgewinns vor bzw. nach Steuern die Menge im BEP von x_{BEP} nach rechts (x_{BEPG}), das heißt es muss mehr abgesetzt werden.

Die Break-even-Menge kann auch als Entscheidungsinstrument für absatzfördernde

Maßnahmen verwendet werden. In die Rechnung sind nur die entscheidungsrelevanten Größen einzubeziehen. Es ist zu prüfen, ob die zusätzlichen Kosten durch die
zusätzlichen Deckungsbeiträge erwirtschaftet werden. Formelmäßig gilt:

$$x_{BEPA} = \frac{\text{Kosten der Aktion}}{\text{zusätzlicher Stückdeckungsbeitrag}}$$

In einem Mehrproduktunternehmen gibt es viele Absatzkombinationen, die zur Kos-
tendeckung führen. Das gilt für alle Absatzkombinationen, bei denen die Summe der
Deckungsbeiträge mit der Summe der fixen Kosten übereinstimmt.

Folgendes einfaches Zahlenbeispiel soll dies veranschaulichen: In einem Unterneh-
men werden die Produkte P 1 und P 2 produziert und abgesetzt. Es betragen die
Stückdeckungsbeiträge P1 = 50 €, P2 = 80 €, die fixen Gesamtkosten 2.000 €. Die
Fixkosten können gedeckt werden bei ausschließlicher Produktion und Absatz von
P 1, bei ausschließlicher Produktion und Absatz von P 2, durch eine Mischung der
Produktions- und Absatzmengen von P 1 und P 2. Falls nur P 1 produziert wird, liegt
der BEP bei: $x_{BEP\,P1} = 2000 : 50 = 40$ ($x_{BEP\,P2} = 0$); falls nur P 2 produziert und abge-
setzt wird, liegt der BEP bei: $x_{BEP\,P2} = 2.000 : 80 = 25$ ($x_{BEP\,P1} = 0$).

Die Fixkosten können jedoch auch durch eine Mischung der Produktions- und Absatzmengen von P1 und P2 gedeckt werden. Anstelle eines Break-even-points ergibt
sich eine Break-even-Linie, deren Endpunkte die berechneten Werte für $x_{BEP\,P1}$ und
$x_{BEP\,P2}$ sind.

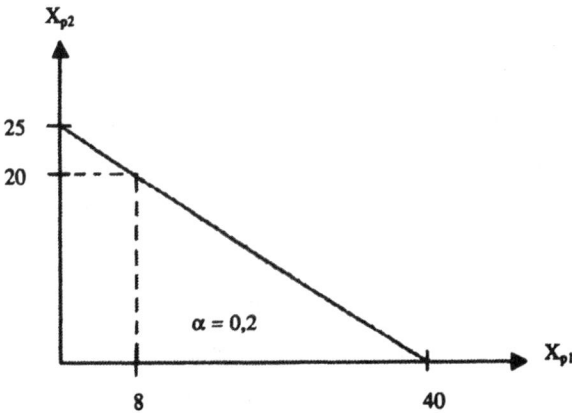

Die Break-even-Linie lässt sich als Menge aller Punkte auf der Verbindungsstrecke zwischen $x_{BEP\ P1}$ und $x_{BEP\ P2}$ beschreiben. Alle Punkte der Linie enthalten Mengen-kombinationen von P 1 und P 2, bei der die Gewinnschwelle erreicht ist. Formel-mäßig lassen sich alle Punkte auf der Break-even-Linie durch die Linearkombination

$x_{BEP\ P1,\ P2} = \alpha \cdot x_{BEP\ P1} + (1-\alpha) \cdot x_{BEP\ P2,}$

wobei α ein Parameter ist, der nur Werte zwischen 0 und 1 annimmt, beschreiben.

Da jede der Break-even-Mengen von P1 und P2 zur Fixkostenabdeckung genügt, müssen logischerweise nur jeweils bestimmte Anteile davon realisiert werden. Mit 0,2 bzw. 20 % der Break-even-Menge von P1 können 20 % des insgesamt erforderlichen Betrages gedeckt werden. Die Summe aller Anteile muss 1 bzw. 100 % ergeben.

Allgemein gilt die folgende Gleichung

$$\sum_{j=1}^{n} x_j = 1$$

mit

j = Index der Produkte (j = 1, 2, ..., n)

x = Anteil der fiktiven Break-even-Menge des Produkts j

5.3   Beurteilung

Das Gesamtkostenverfahren erfordert eine monatliche Inventur bei den Halb- und Fertigprodukten, da Bestandsveränderungen zur Erfolgsbestimmung berücksichtigt werden müssen. Da sich nicht entsprechende Größen gegenüber stehen, kann der Produkterfolg nicht ermittelt werden. Die Aussagefähigkeit des Umsatzkostenverfahrens wird dadurch erhöht, dass neben dem Betriebsergebnis der Produkterfolg ermittelt werden kann. Die kurzfristige Erfolgsrechnung kann heute mit Hilfe der Standardsoftware bei Bedarf generiert werden. Dabei stellt die Erlösrechnung bzw. die Kostenträger-Erfolgsrechnung, die die Erlöse und Kosten der Kostenträger differenziert (in Produkte, Vertriebswege, Kundengruppen, Kunden) aufschlüsselt, eine Erweiterung der klassischen kurzfristigen Erfolgsrechnung dar. In einem konsistenten Rechnungswesen müssen die kurzfristige Erfolgsrechnung (interne Betriebsergebnisrechnung) und die externe Gewinn- und Verlustrechnung ineinander überleitbar sein. Die Break-even-Analyse wird häufig in der Praxis eingesetzt, weil sie die Zusammenhänge zwischen Absatzmenge und Gewinnsituation veranschaulicht.

5.4 Aufgaben Nr. 16 bis 20

16 Berechnen Sie das Betriebsergebnis für den Monat November nach dem Gesamtkostenverfahren und nach dem Umsatzkostenverfahren unter Berücksichtigung folgender Daten:

Bestand an Produkten am 31.10.	400 Stück
Bestand an Produkten am 30.11.	320 Stück
Produktion	1.420 Stück
Absatz	1.500 Stück
Herstellkosten pro Stück	50 €
Vertriebs- u. Verwaltungskosten pro Stück	20 €
Verkaufspreis pro Stück	80 €

17 Ein Elektrokonzern stellt in einem Zweigwerk Fernsehgeräte gleichen Typs her. Für den abgelaufenen Monat wurden folgende Zahlen festgestellt:

Produktion	8.000 Stück
Absatz	5.000 Stück
Herstellkosten	1.400.000 €
Vertriebs- u. Verwaltungskosten	400.000 €
Umsatzerlöse	1.475.000 €

Ermitteln Sie das Betriebsergebnis nach dem Gesamtkostenverfahren und nach dem Umsatzkostenverfahren.

18 Ein Unternehmen produziert im Monat September 1.000 Geräte. Die Gesamtkosten für diesen Monat belaufen sich auf 160.000 €, die Stückkosten betragen 160 €. Es werden 800 Stück zu je 200 € verkauft.

Erstellen Sie eine kurzfristige Erfolgsrechnung für diesen Monat nach dem Gesamtkostenverfahren - nehmen Sie vereinfachend an, dass die Lagerbestandsveränderungen mit Selbstkosten bewertet werden - und nach dem Umsatzkostenverfahren.

19 Ein Unternehmen bietet ein Produkt zum Stückpreis von 12 € an. Die variablen Stückkosten betragen 5,20 €. Die fixen Kosten belaufen sich im Monat auf 280.000 €.

   a) Berechnen Sie den Break-even-point und stellen Sie ihn grafisch dar.

   b) Wo liegt der Break-even-point, wenn ein Gewinn vor Steuern von 70.000 € erwirtschaftet werden soll.

20 In einem Unternehmen werden die Produktarten P 1 und P 2 hergestellt. Bei P 1 beträgt der Stückerlös 12 €, die variablen Stückkosten 9 €; bei P 2 der Stückerlös 4 €, die variablen Stückkosten 2 €. Die fixen Gesamtkosten der Periode betragen 120.000 €.

   a) Stellen Sie die Mengenkombination von P1 und P2 im Break-even-point grafisch dar.

   b) Berechnen Sie die Produktmengenkombination für $\alpha = 0,2$.

6 Prozesskostenrechnung

6.1 Beispiel

In der Kostenstelle Einkauf werden die Teilprozesse „Angebote bearbeiten", „Bestellung durchführen", „Material prüfen" und „Abteilung leiten" ermittelt. Für die Periode liegt folgende Prozesskostenstellenrechnung vor:

Kostenstelle Einkauf					
Nr.	Prozesse	Prozesstyp	Prozessgröße	Prozessmenge	Prozesskosten
1	Angebote bearbeiten	lmi	Anzahl der Angebote	1.200	300.000
2	Bestellung durchführen	lmi	Anzahl der Bestellungen	3.500	70.000
3	Material prüfen	lmi	Anzahl der Prüfungen	300	130.000
4	Abteilung leiten	lmn	---	---	40.000
Gesamt					540.000

a) Berechnen Sie für die Teilprozesse der Kostenstelle die Gesamtprozesskosten. Die Prozesskosten lmn sind proportional der Höhe der Prozesskosten lmi zu verrechnen.

b) Berechnen Sie für die Teilprozesse die Prozesskostensätze und für den Hauptprozess „Material beschaffen" den Prozesskostensatz.

c) Stellen Sie die Lösung (durch Vervollständigung der Tabelle) übersichtlich dar.

Lösung:

a)

$$\text{Umlage lmn} = \frac{\text{Prozesskosten lmn}}{\text{Prozesskosten lmi}} \times \text{Teilprozesskosten lmi}$$

Für die Teilprozesse:

$$\text{Umlage TP Angebote bearbeiten} = \frac{40.000}{500.000} \times 300.000 = 24.000$$

$$\text{TP Bestellung durchführen} = \frac{40.000}{500.000} \times 70.000 = 5.600$$

$$\text{TP Material prüfen} = \frac{40.000}{500.000} \times 130.000 = 10.400$$

Gesamtteilprozesskosten = Prozesskosten lmi + Umlage lmn
Gesamtprozesskosten TP Angebote bearbeiten = 300.000 + 24.000 = 324.000

b)

$$\text{TPKS (Teilprozesskostensatz)} = \frac{\text{Gesamtteilprozesskosten}}{\text{Teilprozessmenge}}$$

Für die Teilprozesse:

$$\text{TPKS Angebote bearbeiten} = \frac{324.000}{1.200} = 270,00$$

$$\text{TPKS Bestellung durchführen} = \frac{75.600}{3.500} = 21,60$$

$$\text{TPKS Material prüfen} = \frac{140.400}{300} = 468,00$$

$$\text{HPKS Material beschaffen} = \sum_{i=1}^{3} TPKS_i$$

HPKS = 270 + 21,60 + 468 = 759,60

c)

Kostenstelle Einkauf

Nr.	Prozesse	Pro-zess-typ	Prozess-größe	Prozess-menge	Prozess-kosten	Prozess-kosten lmi	Umlage lmn	Gesamt-prozess-kosten	Prozess-kostensätze (TPKS, HPKS)
1	Angebote bearbeiten	lmi	Anz. d. Angeb.	1.200	300.000	300.000	24.000	324.000	270,00
2	Bestellung durchführen	lmi	Anz. d. Bestell..	3.500	70.000	70.000	5.600	75.600	21,60
3	Material prüfen	lmi	Anz. d. Prüf.	300	130.000	130.000	10.400	140.400	468,00
4	Abteilung leiten	lmn	---	---	40.000	---	---	---	---
Gesamt					540.000	500.000	40.000	540.000	759,60

Merkmale: Funktionsüberschreitende Kostenerfassung, Prozesssicht, Aufsplitterung der an einem Prozess beteiligten Kostenstellen nach kleinsten Tätigkeiten (Top-down), Zusammenfassung der bewerteten Tätigkeiten zu Teil- und Hauptprozessen (Bottom-up), Ausgangspunkt Kostenstruktur in Einzel- und Gemeinkosten, Unterscheidung in leistungsmengeninduzierte (leistungsmengenvariable) und leistungsmengenneutrale Gemeinkosten, Definition von Prozessgrößen.

6.2   Gestaltung

6.2.1 Entwicklungsgründe

In den letzten 30 Jahren hat sich in vielen Unternehmen der Prozess der betrieblichen Wertschöpfung und Leistungserstellung deutlich verändert. Die Wertschöpfung
hat sich in der Weise geändert, dass die vorbereitenden, planenden, steuernden und
kontrollierenden Tätigkeiten in Forschung und Entwicklung, Beschaffung und Logistik, Produktionsplanung und –steuerung, Qualitätsprüfung und –sicherung, Auftrags-
abwicklung, Vertrieb und Service stark zugenommen haben. Die Leistungserstellung
hat sich dahingehend geändert, dass heute viele Betriebe aufgrund der sich immer
weiter beschleunigenden technologischen Entwicklung durch einen hohen Automati-
sierungs- und Robotisierungsgrad gekennzeichnet sind. Die rasch voranschreitende
Computertechnologie führte bei vielen Unternehmen zur Installation von computerin-
tegrierten Produktionssystemen (CIM-Systemen), die eine bedeutend flexiblere Fertigung der Produkte ermöglichen. So kann heute eine Vielzahl verschiedener Produkte mit den installierten Produktionsanlagen wirtschaftlich hergestellt und angeboten
werden. Auch die Anforderungen der Kunden haben sich verändert. Sie verlangen
zunehmend maßgeschneiderte Produkte und Dienstleistungen. Großvolumige Mas-
senfertigungen wurden mehr und mehr durch kleinere Serienfertigungen verdrängt.

Mit diesen Veränderungen sind Verschiebungen in den betrieblichen Kostenstrukturen einhergegangen. Während sich früher (etwa ab 1930) die betrieblichen Kosten
durchschnittlich zusammensetzten aus 10 % Materialeinzelkosten, 70 % Fertigungseinzelkosten und 20 % Gemeinkosten, liegen heute die Schwerpunkte des Kosten-
falls bei durchschnittlich 20 % Materialeinzelkosten, 15 % Lohneinzelkosten und
65 % Gemeinkosten. Die Gemeinkosten sind seit mehr als 75 Jahren stetig ange-
stiegen. Zur Abdeckung der gestiegenen Gemeinkosten sind in vielen Unternehmen
mittlerweile Zuschlagssätze von mehreren hundert, in hoch technologisierten Unternehmen von über tausend Prozent auf die Lohneinzelkosten erforderlich, während
früher Zuschlagszusätze von 50 - 60 % ausreichend waren. Die Verrechnung über
die traditionellen Zuschlagsgrundlagen kann zu erheblichen Verzerrungen führen:
Treten bei der Herstellung eines Produktes positive Lohnabweichungen beispiels-

weise von 1,00 GE auf, so bewirkt dies bei einem Zuschlagssatz von 500 % automatisch eine (unzutreffende) zusätzliche Verrechnung von Gemeinkosten in Höhe von 5,00 GE. Umgekehrt werden Unterschreitungen von Fertigungslöhnen durch die Proportionalitätsannahme gleichzeitig (fälschlicherweise) als Einsparungen bei den Gemeinkosten ausgewiesen. Auf Produkte, die mit neuen Fertigungstechnologien (steigenden Technologiekosten und niedrigen Fertigungslöhnen) gefertigt werden, werden zu wenig Gemeinkosten verrechnet, während Produkte, die auf konventionellen Maschinen und Anlagen gefertigt werden, mit zu hohen Gemeinkosten belastet werden. Für das Unternehmen können sich hieraus eine falsche Preis- und Produktpolitik sowie strategische Fehlsteuerungen ergeben.

6.2.2 Methode

Aus den geänderten Kostenstrukturen ergeben sich neue Anforderungen an die Kostenrechnung. Die Schwerpunkte der Kostenrechnung müssen im Bereich der Gemeinkosten statt bei den Lohneinzelkosten gesetzt werden. Die Gemeinkostenprobleme will die Prozesskostenrechnung, die in Amerika als Activity-Based Costing breiten Niederschlag gefunden hat, abbauen. Ziele der Prozesskostenrechnung: Verbesserung der Gemeinkostenplanung und von Gemeinkostentransparenz durch das Analysieren und Bewerten der in den Gemeinkostenbereichen ablaufenden Prozesse und der jeweiligen Kosteneinflussfaktoren, Rationalisierung der Abläufe und Aufzeigen konkreter Kostensenkungsmöglichkeiten und die Eliminierung überflüssiger Prozesse, Schaffung einer verursachungsgerechten Kalkulation durch eine weitgehende Vermeidung von Gemeinkostenumlagen.

Die Prozesskostenrechnung weist die Elemente Kostenarten-, Kostenstellen- und Kostenträgerstückrechnung auf.

Bei der Prozesskostenrechnung hat sich – in Praxisobjekten – folgende Vorgehensweise bewährt: Tätigkeitsanalyse der Kostenstellen, Ableitung von Teilprozessen der Kostenstellen, Ermittlung der Prozess- bzw. Maßgrößen, Ermittlung der Kostenmengen, Planung der Prozesskosten, Verdichtung zu kostenstellenübergreifenden (endgültigen) Hauptprozessen, Ermittlung von Prozesskostenansätzen.

Ausgangspunkt bei der kostenstellenbezogenen Tätigkeitsanalyse sind aus Sicht der Prozesskostenrechnung die Aktivitäten bzw. Tätigkeiten in den indirekten Leistungsbereichen. Aktivitäten sind kleinste, aus kostenrechnerischer Sicht nicht mehr sinnvoll unterteilbare Handlungseinheiten. Für die Tätigkeitsanalyse können unterschiedliche Erhebungstechniken eingesetzt werden: Analyse von Unterlagen (Stellenbeschreibungen, Ablaufdiagramm usw.), Durchführung von Interviews mit den Kostenstellenleitern. Das besondere Augenmerk gilt der Erfassung repetitiver Aktivitäten, die standardisierbar sind und einen geringen Entscheidungsspielraum aufweisen. Hierzu zählen logistische, ausgleichende, qualitätsbezogene und aktualisierende Prozesse (Miller, Vollman, The hidden factory, in: Harvard Business Review, Vol. 55/1985, 5, 142-150).

Auf der nächsten Ebene werden Aktivitäten zu Teilprozessen zusammengefasst. Teilprozesse sind sachlich zusammenhängende Aktivitäten, für die sich eine gemeinsame Bezugsgröße feststellen lässt. In einer Kostenstelle „Rechnungsprüfung und Lieferantenbuchhaltung" können die Aktivitäten Rechnungserfassung, Mengenprüfung, Preisprüfung, Klärung von Differenzen zum Teilprozess „Lieferantenrechnungen bearbeiten" zusammengefasst werden.

Im weiteren Arbeitsschritt werden die Teilprozesse in leistungsmengeninduzierte und leistungsmengenneutrale (volumenabhängige und volumenneutrale) Prozesse eingeteilt. Leistungsmengeninduzierte Prozesse bestimmen das Leistungsvolumen einer Kostenstelle und sind in ihrem Umfang quantifizierbar. Für jeden leistungsmengeninduzierten Prozess muss die dazugehörige Prozess- bzw. Maßgröße festgelegt werden, z. B. Anzahl/Zahl der Materialbestellungen, der Einlagerungsvorgänge, von Kundenaufträgen. Die Prozessgrößen sollten folgende Anforderungen erfüllen: Einfache Ableitbarkeit aus den verfügbaren Informationsquellen, Proportionalität zur Beanspruchung der Ressourcen, Durchschaubarkeit und Verständlichkeit. Die Prozessgrößen sind Maßgrößen zur Quantifizierung des Outputs eines Prozesses, für die Kostenverrechnung und Kostenkontrolle, für die Kostenzurechnung auf Kostenträger. Prozessgrößen sind meist Mengengrößen (Anzahl bearbeiteter Angebote, Anzahl abgewickelter Kundenaufträge), in Ausnahmefällen Wertgrößen (z. B. Be-

standswert für den Prozess „Vorräte verzinsen") und Zeitgrößen. Beispiele: Der Teilprozess „Lieferantenrechnungen bearbeiten" hängt direkt vom Leistungsvolumen der
Kostenstelle „Lieferantenbuchhaltung" ab und ist anhand der Zahl der erfassten
Rechnungen bzw. Rechnungspositionen messbar; 5.700 Materialbestellungen,
43.500 Einlagerungsvorgänge.

Leistungsmengenneutrale Prozesse sind dagegen vom Leistungsvolumen einer Kostenstelle unabhängig, z. B. die Prozesse „Abteilung leiten" und „Fertigungspläne
erstellen". Für die leistungsmengenneutralen Prozesse lassen sich keine sinnvollen
Maßgrößen ermitteln; sie stellen „fixe" Tätigkeiten dar. Die Umlage der leistungsmengenneutralen Prozesskosten sollte proportional zur Höhe der leistungsmengeninduzierten Prozesskosten vorgenommen werden (Horvath, Meyer, Prozesskostenrechnung – Der neue Weg zu mehr Kostentransparenz und wirkungsvolleren Unter-
nehmensstrategien, in: Controlling, 1. Jg., 1989, 4, S. 214-219). Die Umlage ergibt
sich aus

$$\text{Umlage lmn} \quad = \frac{\text{Prozesskosten lmn}}{\text{Prozesskosten lmi}} \times \text{Teilprozesskosten lmi}$$

Die leistungsmengenneutralen Prozesskosten können auch über prozentuale Zuschlagssätze verrechnet werden.

Der Zuschlagssatz ergibt sich aus

$$\text{Umlageprozentsatz lmn} \quad = \frac{\text{Prozesskosten lmn}}{\text{Prozesskosten lmi}} \times 100$$

Der Umlagekostensatz lmn wird mit prozentualem Zuschlag auf den Teilprozesskos-
tensatz lmi ermittelt.

Stehen die in einer Kostenstelle ablaufenden Teilprozesse, die Prozessgrößen und
Prozessmengen fest, sind analytisch oder indirekt die Planprozesskosten zu bestimmen. Bei den Prozesskosten handelt es sich nicht um eine originäre Kostenart. Vielmehr setzen sich die Prozesskosten aus mehreren originären und überwiegend (ca.
80 %) fixen Kostenarten zusammen. So gehen z. B. in die Kosten des Teilprozesses

„Angebote einholen" fixe Personalkosten (Mitarbeiter der Einkaufsabteilung), teilweise variable Büro- und Geschäftsausstattungskosten (benutzte DV-Systeme, Software und verwendetes Büromaterial) und fixe Raumkosten (kalkulatorische Miete) ein.

Die im Unternehmen ablaufenden Prozesse sind oftmals stark miteinander verwoben, die einzelnen Kostenstellen stellen nur Glieder einer Prozesskette dar. Im Prozess „Lieferantenrechnungen bearbeiten" sind z. B. auch die Kostenstellen Wareneingang (bei Mengendifferenzen), Einkauf (bei Preisdifferenzen) beteiligt. Mehrere sachlich zusammenhängende Teilprozesse werden kostenstellenübergreifend zu „Hauptprozessen" verdichtet.

Schematisch gilt:

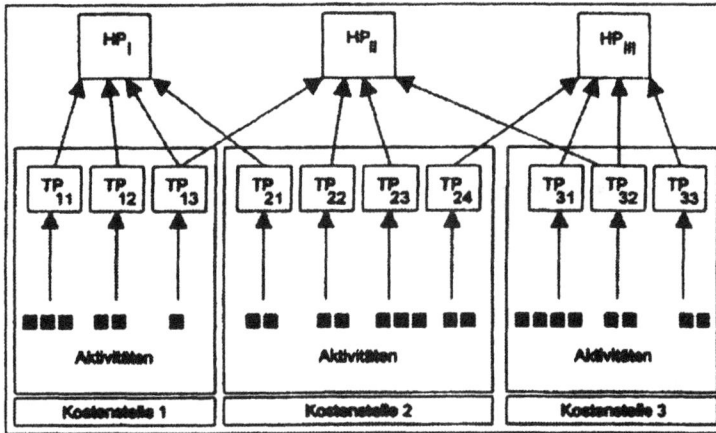

Die Bildung des Hauptprozesses „Material beschaffen" aus verschiedenen Teilprozessen zeigt folgende Abbildung:

Teilprozesse	Kostenstelle
Angebote einholen	Einkauf
Material bestellen	Einkauf
Auftragsbestätigung prüfen	Einkauf
Material entladen	Warenannahme
Qualitätsprüfung	Qualitätssicherung
Materiallagerung	Lagerung
Rechnungsprüfung	Rechnungswesen

Prozessgrößen werden kostenstellenübergreifend auch als Kostentreiber bzw. Cost driver (Horvath, Zimmermann) bezeichnet. Dadurch wird betont, dass die Anzahl der zur Herstellung der Produkte erforderlichen Hauptprozesse das Volumen der entstehenden Gemeinkosten vorantreibt und nicht die wertmäßige Höhe der zur Verrechnung verwendeten Zuschlagsbasen. Die Zusammenfassung sachlich zusammengehöriger Prozesse erleichtert die Identifikation der hinter den Prozessen stehenden Kostenantriebskräfte, vereinfacht die Kalkulation mit Prozesskosten, da nur eine geringere Zahl von Kalkulationssätzen verwendet werden muss. In der Literatur wird der Begriff Cost driver auch für die Prozess- bzw. Maßgrößen verwendet (Coenenberg, Schweitzer/Küpper).

In der Prozesskalkulation werden die Prozesskostensätze gebildet.

Es gelten:

$$\text{Teilprozesskostensatz} = \frac{\text{Teilprozesskosten lmi} + \text{Umlage lmn}}{\text{Teilprozessmenge}}$$

$$\text{Teilprozesskostensatz} = \text{Teilprozesskostensatz lmi} + \text{Umlagekostensatz lmn}$$

$$\text{Hauptprozesskostensatz} = \sum \text{Teilprozesskostensätze}$$

$$\text{Hauptprozesskostensatz*} = \frac{\text{Hauptprozesskosten}}{\text{Hauptprozessmenge}}$$

*Werden unterschiedliche Maßgrößen verschiedener Teilprozesse zu einem Hauptprozesskostensatz zusammengefasst, so ist eine schlichte Addition der Teilprozesskostensätze nicht mehr möglich. In einem solchen Fall sind die gesamten Prozesskosten des Hauptprozesses zu ermitteln und durch die gewählten Kostentreiber zu dividieren.

Beispiel: Hauptprozess „Material beschaffen"

Prozesstyp	Prozessgröße	Prozessmenge	Prozesskosten
Imi + Imn	Anzahl der beschafften Materialien	650.000	7.605.00

$$\text{HPKS} = \frac{7.605.000}{650.000} = 11,70 \ (\text{€/Auslagerungsposition})$$

Die Verrechnung der Gemeinkosten auf die Produkte erfolgt entsprechend der Anzahl der im Fertigungsplan vorgesehenen Auslagerungspositionen. Auf ein Produkt, für dessen Herstellung mehr (weniger) Materialien zu beschaffen sind, werden auch entsprechend mehr (weniger) Gemeinkosten verrechnet.

Die Prozesskostenkalkulation basiert auf dem Grundschema der Zuschlagskalkulation, weil in der Regel die Gemeinkosten einiger Bereiche, z. B. Forschung und Entwicklung, nicht über Teil- und Hauptprozesse auf die Kostenträger verrechnet werden können, sondern nach wie vor über Zuschlagssätze zu verrechnen sind.

Die Prozesskostenrechnung führt zu Informationsvorteilen in der Kalkulation. Im Einzelnen werden Allokations-, Komplexitäts- und Degressionseffekt unterschieden (Coenenberg, Kostenrechnung, 5.A., 2003, 222 ff.).

Allokationseffekt: Bei Anwendung der Prozesskostenrechnung erfolgt die Zuordnung (Allokation) der Gemeinkosten auf die Produkte nach Inanspruchnahme betrieblicher Ressourcen. Die Kosten, die z. B. für die Beschaffung und Lagerung von Fertigungsmaterialien erforderlich sind, werden nicht durch die wertmäßige Höhe der Stückpreise bzw. Anschaffungskosten bestimmt, sondern durch die Kosten der zur Abwicklung erforderlichen Prozesse. Den Unterschied zwischen Zuschlags- und Prozesskostenkalkulation verdeutlicht der folgende Sachverhalt.

Beispiel: Materialgemeinkosten bei der Beschaffung elektronischer Steuergeräte

Steuergeräte	A, B, C
Fertigungsmaterial	40, 64, 116 €
Zuschlagskalkulation	25 % Materialgemeinkosten
Prozesskostenkalkulation	PKS „Material beschaffen" 12 €

Steuer-gerät	Material-einzelkosten	Material-gemeinkosten		GK-Differenz Allokationseffekt
		MGK 25 %	PKS	
A	40,00	10,00	12,00	+ 2,00
B	64,00	16,00	12,00	- 4,00
C	116,00	29,00	12,00	- 17,00

Bei Anwendung der Prozesskostenkalkulation müsste das Steuergerät A mit zusätzlichen Gemeinkosten in Höhe von 2,00 € belastet werden, um die tatsächliche Inanspruchnahme der betrieblichen Ressourcen im Materialbereich zutreffend widerzuspiegeln. Bei den beiden Steuergeräten B und C ergeben sich durch die Zuschlagskalkulation Fehlverrechnungen bei den Gemeinkosten in Höhe von 4,00 bzw. 17,00 €.

Komplexitätseffekt: Die Prozesskostenrechnung ermöglicht, die Komplexität (= den Einfluss der Produkt-, Produktions- und Absatzstruktur) und den Variantenreichtum (= die Abwandlung eines Standardprodukts nach dem Wunsch des Kunden) der Produkte als den kostenbestimmenden Faktor in der Kalkulation verursachungsgerecht nachzubilden. Die Forderung einer verursachungsgerechten Verrechnung der Komplexitäts- und Wertschöpfungskosten ist darin begründet, dass bei der Herstellung von komplexen Produktvarianten gegenüber einfachen ein deutlich höherer Bedarf an gemeinkostenverursachenden Aktivitäten, z. B. für Materialdisposition, Fertigungssteuerung, Qualitätsprüfung, erforderlich ist.

Beispiel: Kosten der Kommission eines Kundenauftrags

Zuschlagskalkulation	5 % Vertriebsgemeinkosten	
	10.000 Herstellkosten insgesamt	
Prozesskostenkalkulation	„Kundenauftrag abwickeln" 30 €	
	Kommissionsauftrag A mit 2 Auftragspositionen	
	Kommissionsauftrag B mit 20 Auftragspositionen	

Auftrag	Herstell-kosten	Anzahl der Auf-tragspositionen	Kommissionskosten 5 % VtGK	PKS	GK-Differenz Komplexitätseffekt
A	10.000	2	500,00	60	- 440,00
B	10.000	20	500,00	600	+ 100,00

Die Zuschlagskalkulation verrechnet die Kommissionskosten proportional in Abhängigkeit von der Höhe der Zuschlagsbasis. Weil der in Herstellkosten gemessene
Wert der beiden Aufträge gleich hoch ist, erhalten die beiden Aufträge A und B die
gleiche Belastung mit Kommissionskosten. Es wird nicht berücksichtigt, dass Auftrag
B zehnmal so viele Auftragspositionen umfasst und daher entsprechend höhere
Kommissionskosten verursacht als Auftrag A. Die Prozesskostenrechnung berücksichtigt diesen Sachverhalt, indem sie die Kommissionskosten in Abhängigkeit von
der Zahl der Auftragspositionen verrechnet. Die Anwendung der Prozesskostenrechnung führt dazu, dass sich Produkte mit hoher Komplexität und umfangreicher Wertschöpfung (Spezialprodukte) gegenüber der Zuschlagskalkulation verteuern. Umgekehrt können Produkte mit niedriger Komplexität und geringer Wertschöpfung (Stan-
dardprodukte) im Vergleich zur Zuschlagskalkulation billiger angeboten werden.

Degressionseffekt: Bei der Zuschlagskalkulation wird auf Grund der proportionalen
Gemeinkostenzuordnung jeweils ein konstanter Gemeinkostenansatz pro Stück ver-
rechnet. Die Prozesskosten pro Stück für die interne Abwicklung von Materialbe-
stellungen, Fertigungslosen, Kundenaufträgen verringern sich jedoch mit steigenden
Stückzahlen. So entstehen z. B. Vertriebsgemeinkosten durch die Bearbeitung eines
Kundenauftrags („Kundenauftrag abwickeln") für Abwicklung, Ausgangskontrolle,
Auslagerung, Versand, sie sind jedoch von der bestellten Stückzahl unabhängig.

Beispiel: Vertriebsgemeinkosten eines Kundenauftrages

Zuschlagskalkulation   20 % Vertriebsgemeinkosten

                              400,00 Herstellkosten je Produkt

Prozesskalkulation   PKS „Kundenauftrag abwickeln" 800

                              Kundenauftrag (Auftragsgröße) 1, 5, 10, 15, 20

Stück	Herstell-kosten gesamt	VtGK 20 %	Selbst-kosten gesamt	Stück-kosten	Herstell-kosten gesamt	PKS	Selbst-kosten gesamt	Stück-kosten	GK-Differenz Degressions-effekt
1	400	80	480	480	400	800	1.200	1.200	+ 720
5	2.000	400	2.400	480	2.000	800	2.800	560	+ 80
10	4.000	800	4.800	480	4.000	800	4.800	480	0
15	6.000	1.200	7.200	480	6.000	800	6.800	453	- 27
20	8.000	1.600	9.600	480	8.000	800	8.800	440	- 40

Im Beispiel verursacht die Abwicklung eines Kundenauftrags (unabhängig von der Erzeugnisstückzahl) Prozesskosten in Höhe von 800,00. Dieser Betrag fällt sowohl bei einem Stück als auch bei einer Auftragsmenge von 5, 10, 15 oder 20 Stück an. Bei Anwendung der Zuschlagskalkulation werden Aufträge mit niedrigen Stückzahlen zu niedrig belastet, die mit größeren Stückzahlen zu hoch ausgewiesen. Die Anwendung der Prozesskostenrechnung ergibt, dass die Produkte, die in geringen (großen) Mengen nachgefragt werden, höhere (niedrigere) Kosten tragen müssen. Es bietet sich an, eine kritische Menge – im Beispiel 10 Stück – zu ermitteln, bei deren Überschreiten die Stückkosten nach Prozesskostenkalkulation niedriger und bei deren Unterschreiten die Stückkosten nach Prozesskostenkalkulation höher sind als nach Zuschlagskalkulation. Das Erreichen der kritischen Menge ist als Forderung an den Vertrieb zu verstehen, bei der Auftragsakquisition nach Möglichkeit bestimmte Mindestauftragsgrößen zu realisieren oder bei geringeren Auftragsgrößen einen entsprechend höheren Preis zu verlangen. Die Prozesskostenkalkulation bietet Anhaltspunkte für wirtschaftlich sinnvolle Handlungsweisen.

6.2.3 Prozessbezogene Deckungsbeitragsrechnung

Aufgrund des Allokationseffekts kann die Prozesskostenrechnung als mehrstufige Deckungsbeitragsrechnung aufgebaut sein. Von den Nettoerlösen der Produkte oder Produktgruppen werden zunächst die variablen Kosten abgezogen. Die fixen Gemeinkosten bzw. fixen Gemeinkostenbereiche, die in der herkömmlichen Deckungsbeitragsrechnung vielfach den Kostenträgern nicht eindeutig zugerechnet werden können und den Fixkostenblock bilden, können in der Prozesskostenrechnung aufgrund des Allokationseffekts entsprechend ihrer Inanspruchnahme, gemessen durch die Anzahl der ausgelösten Hauptprozesse, auf die Kostenträger verrechnet werden. Die fixen Kosten sind der Prozess- bzw. Bezugsgröße "Anzahl der ausgelösten Hauptprozesse" direkt zurechenbar. Dadurch entsteht eine mehrstufige Deckungsbeitragsrechnung. Der Deckungsbeitrag II zeigt den Erfolgsbeitrag von Produkten bzw. Produktgruppen nach Inanspruchnahme von Gemeinkostenressourcen und erleichtert die Beurteilung von Planungsmaßnahmen wie beispielsweise geplante Umsatzsteigerungen. Lediglich die nicht prozessbezogenen Gemeinkosten, z.B. der allgemeinen Verwaltung, verbleiben im unternehmensbezogenen Fixkostenblock.

Schematisch gilt:

```
Erlöse
-   Variable Kosten
=   Deckungsbeitrag I
-   Fixe Kosten Hauptprozess 1
-   Fixe Kosten Hauptprozess 2
-   Fixe Kosten Hauptprozess 3
=   Deckungsbeitrag II
-   Restliche Fixkosten
=   Betriebsergebnis
```

6.2.4 Prozessbezogene Kostenkontrolle

Mit der Ermittlung der Planprozesskosten sind die Voraussetzungen für die prozess-
bezogene Kostenkontrolle durch Soll-Ist-Vergleich der Prozesskosten in den indirekten Bereichen gegeben. Die Abweichungsanalyse ermöglicht es, ablaufbedingte Kos-
tenschwerpunkte zu erkennen und Unwirtschaftlichkeiten in den Prozessen aufzuzeigen. Eine Abweichung zeigt zunächst nur eine Differenz zwischen geplantem und
realisiertem Ressourceneinsatz. Da nur kostenstellenübergreifende Maßnahmen sowie die Verantwortungsübertragung für einen gesamten Prozess dessen Gestaltung
und Effizienz beeinflussen können, ergibt sich die Notwendigkeit, die Position eines
Prozessverantwortlichen (Process Owner) zu schaffen. Verantwortlich ist der Pro-
zessverantwortliche nur, soweit er Einfluss auf die entstandenen Kosten, z. B. durch
veränderten Personaleinsatz oder Überstunden, nehmen konnte. Soweit bei rückläu-
figen Prozessmengen Soll-Ist-Abweichungen durch Kostenremanenzen, etwa durch
vertragliche Bindungen der Personalkosten, verursacht worden sind, sind sie als Be-
schäftigungsabweichungen zu interpretieren. Sie weisen auf die Notwendigkeit zur
Überprüfung des Ressourceneinsatzes hin und zeigen an, wo Kapazitäten angepasst
werden sollten. Ein weiterer Schwerpunkt der Prozesskostenkontrolle ist es, den
Blick auf die Prozesse zu richten, die keinen direkten Wertzuwachs bewirken, wie
beispielsweise die Lagerhaltung. Das Ziel ist dabei, diese Prozesse soweit wie möglich einzuschränken oder gar gänzlich zu vermeiden.

6.3   Beurteilung

Die Prozesskostenrechnung bringt erhöhte Kostentransparenz in die indirekten Bereiche wie Logistik, Konstruktion, Produktionsplanung und –steuerung, Qualitätsprüfung, Kundenservice. In Industrieunternehmen führt sie je nach Fertigungstiefe für
10-20 % der Gesamtkosten zu einer veränderten Kostenzuordnung. Ein größeres
Potenzial bietet die Prozesskostenrechnung für den Dienstleistungsbereich, in dem
der Gemeinkostenanteil deutlich über dem der Industrie liegt. Die Prozesskostenrechnung stellt zusätzliche Informationen für die Produktkalkulation zur Verfügung.
Da die Prozesskostenrechnung eine verursachungsgerechte Kalkulation durchführt,
wächst in den einzelnen Sparten das Verantwortungsgefühl für die dort entstandenen

Kosten. Die Prozesskostenrechnung unterstützt damit die Idee des Responsibility Accounting. Ein Manager muss danach die Abweichungen verantworten, deren Ursache unmittelbar in seinem Verantwortungsbereich liegt, und nicht solche, die z. B. durch Verrechnungen zentraler Kostendeckungen entstanden sind. Die Prozesskostenrechnung kommt allerdings nicht ohne Proportionalisierung der fixen Grundlast aus. Für diese Verrechnung wird vorgeschlagen, diese Kosten kostenstellenübergreifend in einer Sammelposition, z. B. „Sonstige Kosten", zusammenzufassen, so dass sämtliche im Betrieb erhobenen prozessorientierten Kosteninformationen in der Kostenträgerstück- und –zeitrechnung unverfälscht ausgewiesen werden.

6.4   Aufgaben Nr. 21 bis 25

21 Bei einem Elektronikhersteller werden in der Kostenstelle Qualitätssicherung die
Teilprozesse Abmessungsprüfung, Mechanische Prüfung, Elektrische Prüfung
und Leitung der Abteilung ermittelt. In der Kostenstelle sind ein Abteilungsleiter,
sieben Vollzeitbeschäftigte und fünf Teilzeitbeschäftigte tätig. Die jährlichen Kosten der Kostenstelle betragen 1.020.000 €.

Folgende Prozesskostenstellenrechnung liegt vor:

Kostenstelle Qualitätssicherung					
Nr.	Prozesse	Prozesstyp	Prozess-größe	Planprozess-menge	Planprozess-kosten
1	Abmessungs-prüfung	lmi	Anzahl der Prüfungen	170.000 Prüf	212.500
2	Mechanische Prüfung	lmi	Anzahl der Prüfungen	50.000 Prüf	425.000
3	Elektrische Prüfung	lmi	Anzahl der Prüfungen	59.500 Prüf	297.500
4	Abteilung leiten	lmn	---	---	85.000
Gesamt					1.020.000

a) Berechnen Sie für die Teilprozesse die Gesamtprozesskosten. Die lmn-
Kosten sind proportional der Höhe der lmi-Kosten zu verrechnen.

b) Berechnen Sie für die Teilprozesse die Prozesskostensätze und für den
Hauptprozess „Prüfungen vornehmen" den Prozesskostensatz.

22 Ein Unternehmen produziert für in- und ausländische Kunden elektronische Baugruppen in auftragsgebundenen Kleinserien (vgl. Schmidt, 2001, 305). Bisher kalkuliert das Unternehmen seine Produkte mit Hilfe der Zuschlagskalkulation mit einem summarischen Gemeinkostenzuschlagssatz in Höhe von 300 % auf die Einzelkosten Material und Lohn. Im Rahmen einer Kostenanalyse hat man festgestellt, dass ein Teil der Gemeinkosten mit Hilfe von Hauptprozesskostensätzen
genauer verrechnet und dadurch der Restgemeinkostenzuschlagssatz auf 120 %
der Einzelkosten zurückgenommen werden kann. Der Prozesskostensatz beträgt
2.500 € für den Hauptprozess „Inlandsauftrag abwickeln". Der Hauptprozesskostensatz für die Abwicklung eines Auslandsauftrags ist noch zu bestimmen. An-

hand einer Tätigkeitsanalyse wurden für diesen Hauptprozess folgende Teilprozesse mit den zugehörigen Teilprozesskostensätzen ermittelt: Technische Machbarkeit prüfen 900 €, Planungsunterlagen erstellen 2.500 €, Sondermaterial beschaffen 700 €, Zoll- und Meldeformalitäten erledigen 800 € und Auslieferung steuern 500 €. Der Teilprozess „Sondermaterial beschaffen" fällt durchschnittlich dreimal je Auslandsauftrag an, die übrigen Teilprozesse nur je einmal. Das Unternehmen verhandelt derzeit über die Inlandsaufträge A über 250 Stück, B über 325 Stück, C über 375 Stück sowie die Auslandsaufträge X über 20 Stück, Y über 250 Stück, Z über 500 Stück. Sämtliche Aufträge sind bezüglich des Materialeinsatzes 10 €/Stück und des Fertigungslohnes 4 €/Stück identisch.

a) Berechnen Sie für den Hauptprozess „Auslandsauftrag abwickeln" den Prozesskostensatz.

b) Zeigen Sie anhand der Zuschlagskalkulation und der Prozesskostenkalkulation den Allokationseffekt der Prozesskostenrechnung auf. Wählen Sie für die Kalkulation zwei der obigen Aufträge aus, die den Effekt verdeutlichen.

c) Veranschaulichen Sie den Degressionseffekt der Prozesskostenkalkulation.

23 Folgende Daten sind gegeben (vgl. Schmidt, 2001, 304):

	Zuschlagskalkulation	Prozesskostenkalkulation
Fertigungsmaterial (MEK) je Stück	250,00	250,00
Fertigungslohn (FEK) je Stück	40,00	40,00
Materialgemeinkosten	20 %	---
Fertigungsgemeinkosten	420 %	200 %
Vertriebsgemeinkosten	10 %	8 %
Verwaltungsgemeinkosten	5 %	5 %
Vorfertigungsauftrag abwickeln	---	746,00
Montageauftrag abwickeln	---	250,00

a) Berechnen Sie die Stückselbstkosten des Produktes A nach Zuschlags- und nach Prozesskostenkalkulation bei einer Auftragsmenge von 5 Stück.

b) Berechnen Sie die Stückselbstkosten des Produktes A nach Prozesskosten-kalkulation bei einer Auftragsmenge von 30 Stück. Erklären Sie die Verände-rung des Ergebnisses im Vergleich zur Lösung a).

c) Anstelle des Produktes A soll künftig ein vergleichbares Produkt B aus fremd-bezogenen Teilen zusammengebaut werden. Die Vorfertigung entfällt dann vollständig, die sonstige Kostensituation ist völlig identisch. Vergleichen Sie die Stückselbstkosten des Produktes B bei einer Auftragsmenge von 5 Stück mit denen des Produkts A. Worauf sind die niedrigeren Selbstkosten bei B zu-rückzuführen? Welche Voraussetzung ist zu erfüllen, damit die Selbstkosten tatsächlich sinken?

24 Ein Unternehmen stellt drei Varianten eines Produktes her. Die Materialeinzelkos-ten betragen bei Variante A 30 €, Variante B 50 €, Variante C 100 €. Für die Kal-kulation der Materialgemeinkosten liegen folgende Daten vor: Materialgemeinkos-tenzuschlag 15 %, Prozesskostensatz „Material beschaffen" 15 €. Für die Kalku-lation der Selbstkosten von Kundenaufträgen bei Variante C liegen folgende Da-ten vor: Auftragsgröße 1, 10, 30 Stück/Kundenauftrag, Herstellkosten 300 €/Stück, Vertriebsgemeinkostenzuschlag 15 %, Prozesskostensatz „Kundenauf-trag abwickeln" 450 €.

a) Stellen Sie die Materialgemeinkosten bei A, B, C nach Zuschlags- und Pro-zesskostenkalkulation dar. Interpretieren Sie die Kalkulationsergebnisse Mate-rialgemeinkosten (Spalte Gemeinkostendifferenz bzw. Allokationseffekt).

b) Stellen Sie bei Variante C die Stückselbstkosten bzw. Stückkosten bei unterschiedlichen Auftragsgrößen je Kundenauftrag nach Zuschlags- und Prozesskostenkalkulation in einer Tabelle dar. Interpretieren Sie die Kalkulationsergebnisse Selbstkosten (Spalte Selbstkostendifferenz bzw. Degressionseffekt).
Welche Bedeutung hat das Erreichen der „Kritischen Menge"?

25 Die Netz & Sport KG möchte ihren Verpackungsprozess näher analysieren (vgl.
Coenenberg, Aufgaben, 2003, 72-74). Das Produktprogramm enthält drei verschiedene Tennisschuhmodelle: Andre, Boris und Michael. Alle drei Modelle
durchlaufen genau den gleichen Verpackungsprozess. Insgesamt sind dafür Gemeinkosten bzw. Prozesskosten von 114.000 € geplant. Das Modell Michael erhält im Gegensatz zu den beiden anderen Modellen zusätzlich eine luftdichte Fo-
lienverpackung. Somit muss der Verpackungsprozess zweimal durchlaufen werden. Die geplanten Materialeinzelkosten und die Stückzahlen bzw. Produktionsmengen der Periode lauten:

	Materialeinzelkosten	Produktionsmenge
Andre	40,00 €	2.000 Stück
Boris	35,00 €	1.000 Stück
Michael	25,00 €	400 Stück

a) Kalkulieren Sie die Verpackungskosten (MGK) nach Zuschlags- und Prozesskostenkalkulation, wenn nach Zuschlagskalkulation die Materialeinzelkosten
die Zuschlagsbasis, nach Prozesskostenkalkulation die „Anzahl der durchlau-
fenden Verpackungsprozesse" die Prozessgröße bilden.

b) Interpretieren Sie die Kalkulationsergebnisse für die einzelnen Modelle (Spalte
Gemeinkostendifferenz bzw. Allokations- und Komplexitätseffekt).

7   Zielkostenrechnung

7.1   Beispiel

Ein Automobilhersteller will ein Nachfolgemodell entwickeln. Eine Kundenbefragung führt zu folgendem Präferenzprofil über die Produkteigenschaften: Sicherheit 16,8 %, Energieverbrauch 12,6 %, Design exterior 11,5 %, Fahrverhalten 10,5 %, Unterhaltungskosten 8,4 %, Diverse 40,2 (= Funktionen F1-F6). Zur Funktionserfüllung tragen die Komponenten Karosserie, Ausstattung, Fahrwerk, Antrieb, Elektrik, Diverse (K1-K6) in folgendem Ausmaß bei (in Prozent):

K1 30, --, 40, 10, --, 20 (F1-F6); K2 20, 10, 20, --, 20, 20; K3 20, 10, 20, --, 20, 30; K4 --, 60, --, --, 30, 10; K5 10, --, --, 10, --, 10; K6 20, 20, 30, 40, 50, 20;

Am Markt ist ein Preis von 26.000 EUR durchsetzbar. Das Unternehmen rechnet mit einer Umsatzrendite von 15 %.

a) Ermitteln Sie in einer Matrix die Nutzenanteile der Produktkomponenten und die Zielkosten je Komponente.

b) Berechnen Sie die Zielkosten und verteilen Sie diese auf die Komponenten.

Lösung:

a)

Funktionen und Komponenten

	F1 16,8	F2 12,6	F3 11,5	F4 10,5	F5 8,4	F5 40,2
K1	30	---	40	10	---	20
K2	20	10	20	---	20	30
K3	20	10	10	40	---	10
K4	---	60	---	---	30	10
K5	10	---	---	10	---	10
K6	20	20	30	40	50	20
	100	100	100	100	100	100

Komponenten-Funktionen-Matrix (Gewichtungsmatrix)

	F1	F2	F3	F4	F5	F6	Σ
K1	5,04	---	4,60	1,05	---	8,04	18,73
K2	3,36	1,26	2,30	---	1,68	12,06	20,66
K3	3,36	1,26	1,15	4,20	---	4,02	13,99
K4	---	7,56	---	---	2,52	4,02	14,10
K5	1,68	---	---	1,05	---	4,02	6,75
K6	3,36	2,52	3,45	4,20	4,20	8,04	25,77
							100,00

b)

$$r_u = \frac{G}{U} \times 100$$

$$G = \frac{r_u \cdot U}{100}$$

$$= \frac{15 \cdot 26.000}{100}$$

$$= 3.900$$

Zielkosten

ZP		26.000	oder		SK	22.100	85 %
-	Gew	3.900		+	Gew	3.900	15 %
=	ZK/SK	22.100		=	ZP	26.000	100 %

Zielkostenmatrix

	Nutzenanteile in %	Zielkosten
K1	18,73	4.139,33
K2	20,66	4.565,86
K3	13,99	3.091,79
K4	14,10	3.116,10
K5	6,75	1.491,75
K6	25,77	5.695,17
	100,00	22.100,00

Merkmale: Ableitung der Produktkosten aus dem Markt, Berücksichtigung des erwarteten Verkaufspreises und des angestrebten Gewinns, Saldo aus Verkaufspreis und
Gewinn ergibt die zulässigen, sozusagen „vom Markt erlaubten Kosten", Berücksichtigung des Kundennutzens (Funktionen F1 bis F6), Realisierung der Funktionen

durch die Komponenten (Funktionen werden auf die Komponenten heruntergebro-chen), Verknüpfung der Komponenten mit den Funktionen (Multiplikation von Aus-maß der Komponente, in dem sie eine Funktion erfüllt, mit der Bedeutung der Funk-tion), Addition der Komponenten über die Funktionen (Bedeutung der Komponenten an dem Produkt), Verteilung der Zielkosten entsprechend der Bedeutung der Pro-duktkomponenten.

7.2   Gestaltung

Die Zielkostenrechnung fragt nach der Höhe der zulässigen Herstell- oder Selbstkos-ten bei gegebenem Marktpreis und vorgegebenem Gewinn. Der Grundgedanke der Zielkostenrechnung ist die Umkehrung des Prinzips der Zuschlagskalkulation, die den Preis ermitteln soll, der die Herstell- und Selbstkosten deckt und einen Gewinn einschließt. Die zulässigen, sozusagen „vom Markt erlaubten" Kosten für ein wohlde-finiertes Produkt werden im Englischen als „allowable costs" bezeichnet. Die erlaub-ten Kosten liegen üblicherweise unter den unter Beibehaltung des Technologie- und Verfahrensstandards des Unternehmens für die Produktion und Vermarktung des Produkts entstehenden Kosten, den Standardkosten bzw. „drifting costs".

Als Zielkosten (target costs) werden jene Kosten bezeichnet, die das Management unter Abwägung von externen und internen Gegebenheiten bzw. in Verfolgung be-stimmter Strategien vorgibt. Im Normalfall liegen die Zielkosten zwischen den erlaub-ten und den Standardkosten. Aufgabe der Zielkostenrechnung ist es, jene Kosten im Unternehmen durchzusetzen, die den Erfolg am Markt unter den gegebenen Wettbe-werbsbedingungen ermöglichen. Dieser Ansatz soll gewährleisten, dass das Ma-nagement sich nicht am status quo orientiert, sondern an Zielkosten, die aus wettbe-werbsfähigen Marktpreisen abgeleitet werden.

Die Zielkostenrechnung wurde 1963 erstmals von Toyota eingesetzt. In den 70er Jahren folgten zahlreiche andere japanische Unternehmen wie die in der Unterhal-tungselektronik. In den 80er Jahren fand die Zielkostenrechnung Eingang in die eng-lischsprachige Literatur und seit den 90er Jahren in Deutschland. Die Grundidee ist allerdings nicht ganz neu. So wurde der Volkswagen in den 30er Jahren unter der Voraussetzung entwickelt, dass er das Preislimit von 990 Reichsmark nicht überschreiten dürfe.

Zunächst muss der Ausgangspunkt der Rückrechnung bestimmt werden. Die Frage, was ein Produkt kosten darf, kann unterschiedlich beantwortet werden. Für das marktorientierte Target Costing ist vor allem der Ansatz des Market into Company relevant. Ausgangspunkt ist der bei einem bestimmten Absatzvolumen erwartete Verkaufspreis des Produktes. Weitere Ansätze sind: Das Produkt darf nur soviel kosten wie bei der Konkurrenz (Out of Competitor), die Produktkosten werden sowohl aus dem Marktpreis als auch innerbetrieblichen Gegebenheiten abgeleitet (Into and Out of Company), Ausgangspunkt sind die Kosten, die von den vorhandenen Produktionskapazitäten, dem Technologie- und dem Verfahrensstand sowie dem Know How bestimmt werden (Out of Company), Ausgangspunkt sind die Plankosten (Out of Optimal Costs).

Für die Zielkostenrechnung hat sich folgende Vorgehensweise bewährt (Teilschritte): Bestimmung des erwarteten Absatzpreises bzw. Zielpreises, Festlegung des angestrebten Zielgewinns, Bestimmung der vom Markt erlaubten Kosten, Bestimmung der Funktionen und ihre Gewichtung, Entwicklung eines Grobentwurfs und Bestimmung der Drifting Costs bzw. Standardkosten, Bestimmung der Komponenten und ihre Gewichtung, Ermittlung der Nutzenanteile der Komponenten, Ermittlung der Zielkostenindices, Einsatz des Zielkostenkontrolldiagramms, Festlegung der Zielkosten des Produkts, Zerlegung der Zielkosten auf die Produktkomponenten, Planung der Maßnahmen zur Zielerreichung.

Aus der Gegenüberstellung von Zielpreis und Zielgewinn ergeben sich die vom Markt erlaubten Kosten, die Allowable Costs (AC). Zur Bemessung der Gewinnspanne kommen grundsätzlich die Umsatzrendite und die Kapitalrendite in Frage. Die Umsatzrendite hat den Vorteil, dass die notwendige Bezugsgröße, der Marktpreis, bereits beim Target Costing ermittelt wird. Die Verwendung der Umsatzrendite ist somit einfach handhabbar und unmittelbar verständlich. Nachteilig ist der Ansatz der Umsatzrendite insofern, als der zur Erzielung der gewünschten Kapitalrendite erforderli

che Kapitalumschlag keine Berücksichtigung findet. Die Umsatzrendite als Erfolgs-
maßstab muss deshalb durch separate Erfolgsrechnung ergänzt werden. Meist konzentriert sich die Zielkostenrechnung auf die Vorgabe der Herstellkosten. Die Zielkosten für das Gesamtprodukt sind als Vorgabe für die Konstrukteure ungeeignet.
Das Herunterrechnen (Top Down-Ansatz) auf die Teile des Produkts kann über die
Komponenten- oder Funktionsmethode erfolgen. Bei der Funktionsmethode werden
die Zielkosten zunächst auf die Funktionen und erst dann auf die Komponenten be-
zogen. Die Bestimmung der Funktionen und ihre Gewichtung erfolgt in mehreren
Schritten: Das neue oder existierende Produkt wird mittels seiner marktkonformen
Funktionen definiert. Diese werden durch den Kunden wahrgenommen und als wich-
tig oder unwichtig eingestuft. Das Produkt setzt sich aus technischen Funktionen
(Bauteilen, Elementen) und sonstigen Produkteigenschaften zusammen. Denkbare
Produktfunktionen (mit unterschiedlicher Gewichtung) eines Pkw sind: Sicherheit,
Motorleistung/Technik, Qualität, Energieverbrauch, Elastizität, Design, Prestige, Be-
schleunigung, Raumangebot, Unterhaltskosten, Wiederverkaufswert. Die Bestimmung der vom Kunden geforderten Produktfunktionen und deren Gewichtung aus
Kundensicht erfolgen durch direkte Kundenbefragung mit Hilfe von Rating Skalen
beim bekannten Kundenkreis bzw. durch Conjoint-Analysen auf anonymen Märkten.
Die Conjoint-Analyse ist ein Instrument der Marktforschung zur Messung der Nutzenbeiträge wichtiger Produktmerkmale neuer und bestehender Produkte. Als nützlich
erweist sich hierbei die Unterscheidung in harte und weiche Funktionen. Harte Funktionen (hard functions) bestimmen die technische Leistung eines Produkts, sind ob-
jektiv nachvollziehbare und physische Eigenschaften (z. B. Tintenversorgung, Spit-
zenhalterung, Tintenspeicher eines Füllfederhalters), weiche Funktionen (soft functions) sind subjektiv vom Kunden empfundene Eigenschaften bzw. definieren den
Wert des Produkts für den Kunden (z. B. Schreibgefühl, Geschmeidigkeit, Feder-
strich eines Füllfederhalters). Anschließend ist die Gewichtung zwischen den harten
und weichen Funktionen generell zu ermitteln. Die Teilgewichte müssen auf die
Zweiteilung transformiert werden. Ergebnis dieses Gewichtungsprozesses ist eine
100%ige Aufteilung aller Teilfunktionen auf das Gesamtprodukt. Zu diesem Zweck
wird in einer Funktionstabelle (-matrix) die Bedeutung der Funktionen in einem
Bruchteil von 100 % oder 1 angegeben. Aus Vereinfachungsgründen kann auf eine
solche Unterscheidung in harte und weiche Funktionen verzichtet werden.

Im nächsten Schritt wird (auf der Grundlage der Allowable Costs, der Produktfunktionen sowie den Nutzengewichten) auf der Basis der gegenwärtig vorhandenen Technologien und Verfahren ein Grobentwurf des Produkts angefertigt. Aus dem Grobentwurf lässt sich zum einen ablesen, mit welchen Produktkomponenten die Produktfunktionen realisiert werden können, zum anderen ist er zur Bestimmung der einzelnen Kostenanteile der Produktkomponenten heranzuziehen. Die Kosten, die sich für das geplante Produkt bei Fortsetzung der aktuell im Unternehmen vorhandenen Technologien, Verfahren und Produktivitäten ergeben würden, werden als Standardkosten bzw. Drifting Costs („ausufernde Kosten") bezeichnet. Zumeist werden die dem neuen Produkt zugerechneten Kosten im Vergleich zu den erlaubten Kosten höher ausfallen.

Ein ideal zusammengesetztes Target Costing Team für Industrieunternehmen, das während des gesamten Target Costing-Ablaufs zum Einsatz kommt, sollte aus je einen Vertreter der technischen Kernbereiche Konstruktion und Produktion, dem Vertrieb, der Geschäftsbereichsleitung, dem Controlling, fallweise der Beschaffung, der Arbeitsvorbereitung, der Logistik und der Qualitätssicherung bestehen.

Im weiteren Schritt werden in einer Komponentenmatrix die einzelnen Komponenten des Produkts aufgelistet und ihr jeweiliger Beitrag zur Funktionserfüllung in Prozenten oder einem Bruchteil von 1 aufgeführt. Dies ist üblicherweise Aufgabe der Techniker bzw. des Target Costing Teams. Komponenten sind Baugruppen, Bauteile, die ihrerseits die angestrebten Funktionen realisieren sollen. Anschließend wird die Bedeutung der einzelnen Komponenten für die Funktionenerfüllung bzw. für das Produkt unter Berücksichtigung ihres Beitrags zu den einzelnen Funktionen berechnet. Dies erfolgt durch Multiplikation der Bedeutung der Funktionen bzw. Funktionsgewichtung mit den Beiträgen der einzelnen Komponenten und wird durch einen Prozent- bzw. Gewichtungssatz ausgedrückt (z. B. 6 % bzw. 0,06). Der Ausweis erfolgt in einer Komponenten-Funktionen-Matrix. In den Spalten wird pro Komponente das Ergebnis aus Multiplikation der Bedeutung des Bauteils für die einzelne Funktion mal der Bedeutung der Funktion und in den Zeilen die Bedeutung bzw. Nutzenanteile der Komponenten am Produkt ausgewiesen. In der Komponenten-Funktionen-Matrix wird dokumentiert, in welchem Umfang die im Produkt verwendeten Produktkomponenten zur Erfüllung der vom Kunden gewünschten Produktfunktionen beitragen.

Im Folgenden werden in einer Zielkostenmatrix der Zielkostenindex durch Division der relativen Bedeutung jeder Komponente (in %) durch den tatsächlichen Kostenanteil (in %) ermittelt. Der Zielkostenindex gibt Auskunft über die Relation des Beitrags der Komponenten an der Funktionserfüllung und den dafür erforderlichen Komponentenkosten. Ein Zielkostenindex über 1 besagt, dass diese Komponente im Verhältnis zu ihrer Bedeutung „zu billig", „zu einfach" produziert wird. Ein Zielkostenindex unter 1 weist darauf hin, dass die Komponente zu kostenintensiv produziert wird. Davon abweichend wird der Zielkostenindex auch wie folgt gebildet: Drifting Costs in %: Zielkostenanteil in % (d. h. man erhält den Kehrwert zum oben angegebenem Zielkostenindex).

Zur grafischen Veranschaulichung bzw. Visualisierung der Ergebnisse werden in einem Zielkostenkontrolldiagramm (Value Control Chart) für Komponenten, die aus dem Blickwinkel des Marktes am dringendsten eine Korrektur bedürfen, die Bedeutung und ihr Kostenanteil eingetragen. Unter einem Zielkostenkontrolldiagramm ist ein Koordinatensystem zu verstehen, auf dessen Ordinate die komponentenbezogenen Kostenanteile (in %) und auf dessen Abszisse die komponentenbezogenen Nutzengewichte (in %) eingetragen sind. Die optimale Konstellation „Kosten = Nutzen" oder „Zielkostenindex = 1" wird durch eine winkelhalbierende Gerade zwischen den Achsen verdeutlicht. Alle Komponenten eines Produktes, die einen Zielkostenindex größer eins aufweisen, finden sich unterhalb, alle Komponenten eines Produkts mit einem Zielkostenindex kleiner eins oberhalb der winkelhalbierenden Geraden. Vom Management des Unternehmens kann wegen der vielen dem Zielkostenindex von 1 zugrunde liegenden Schätzgrößen – mit einem Abweichungsparameter q – eine Zielkostenzone vorgegeben werden, innerhalb derer die Zielkosten als erreicht angesehen werden können. Je größer q ist, desto stärker öffnet sich die Zielkostenzone zum Ursprung hin, d. h. die zulässigen Abweichungen werden größer und umgekehrt. In der Realität wird q meistens in Höhe zwischen 10 und 20 % angesetzt. Tendenziell wird mit zunehmender relativer Bedeutung der Komponenten die Zielkostenzone enger, mit abnehmender Bedeutung der Komponenten weiter vom Idealwert 1. Dies bedeutet eine Konzentration auf kostenbestimmende Bereiche. Die Zielkostenzone ist wie folgt definiert:

$$y_1 = \sqrt{x^2 + q^2}$$

$$y_2 = \sqrt{x^2 - q^2}$$

mit

y_1 = zulässige Drifting Costs in %, obere Begrenzung der Zielkostenzone

x = Zielkosten- bzw. Nutzenanteil in %

q = Abweichungstoleranzparameter in % zur Definition der Zielkostenzone

y_2 = zulässige Drifting Costs in %, untere Begrenzung der Zielkostenzone

Zur Erreichung der Zielkosten sind die erforderlichen Maßnahmen festzulegen. Bei einem Zielkostenindex unter 1 kann die Kostenbeeinflussung durch folgende Instrumente vollzogen werden: Cost Tables, Total Quality Management, Value Enginee-ring, Gemeinkostenwertanalyse, Zero-Base-Budgeting, Prozesskostenrechnung, Kaizen Costing, Cost Benchmarking u. a. Umgekehrt bedeutet ein Zielkostenindex über 1, dass die Komponente gegenwärtig noch „zu einfach" realisiert ist und hinsichtlich ihrer kundengerechten Ausführung überprüft werden muss.

Die Schritte in der Zielkostenrechnung nach der Funktionsmethode werden anhand des folgenden Beispiels detailliert dargestellt (in Anlehnung von Horvath, P., Seiden-schwarz, W., Zielkostenmanagement, in: Controlling, 3/1992, 142-150).

Beispiel: Tintenschreiber

1. Allowable Costs

Das Unternehmen hat eine Kundenbefragung von 1.200 Personen durchgeführt. Das Ergebnis zeigt, dass für das Produkt höchstens ein Preis von 16 € (netto) durchsetzbar ist. Da das Unternehmen bei diesem Produkt mit einer Umsatzrendite von 20 % rechnet, ergeben sich produktbezogene Zielkosten von 12,80 € (Verkaufspreis 16 – Umsatzrendite 20 % = Zielkosten 12,80).

2. Funktionen

Die Kundenbefragung hat neben dem Zielpreis zugleich Aussagen über die Produktfunktionen und deren Gewichtung ermöglicht. Die befragten Personen haben sich außerdem mit einer Gewichtung von 35 % für die harten und mit 65 % für die weichen Funktionen ausgesprochen.

Definition der „Harten" Produktfunktionen:

h1:	markieren	h6:	Schaftraum bereitstellen	h11:	Federring befestigen
h2:	mit Tinte versorgen	h7:	Federhalter ventilieren	h12:	Verschlusskappe befestigen
h3:	Tinte führen	h8:	vor Auslaufen schützen	h13:	vor Tintenverdunstung schützen
h4:	Spitze befestigen	h9:	Inneres schützen	h14:	Tinte ansaugen
h5:	Tinte speichern	h10:	innere Teile versorgen	h15:	Spitze schützen

Definition der „weichen" Produktfunktionen

w1: Schreibgefühl	w4: Schreibbild
w1-1: Geschmeidigkeit	w4-1: Farbqualität
w1-2: Federstrich	w4-2: Einheitlichkeit der Linienführung
w1-3: Tintenversorgung	w4-3: Farbkonsistenz
w1-4: Ausgeglichenheit der Spitze	w4-4: Tintenklecksen
	w4-5: Farbgleichmäßigkeit
w2: Design	
	w5: Gebrauchskomfort
w3: Aufmachung	w5-1: Kappen- und Federhalterpassform
w3-1: Darstellung des Herstellernamens	w5-2: Größenkomfort
w3-2: Darstellung des Produktnamens	w5-3: Halterungshandling
w3-3: Darstellung der Tintenfarbe	w5-4: Fingerbeschmutzung
	w5-5: Handhabbarkeit

Gewichtungsmatrix (Gewichtung der Funktionen und Transformation der harten und weichen Teilgewichte)

in %	h1	h2	h3	h4	h5	h6	h7	h8	h9	h10	h11	h12	h13	h14	h15	Σ
Gewichte	16,2	13,6	12,5	5,3	8,3	4,1	5,3	6,7	3,9	3,9	3,3	3,0	4,6	6,0	3,3	100
Transformation	5,67	4,76	4,38	1,86	2,91	1,44	1,86	2,34	1,37	1,37	1,16	1,05	1,61	2,10	1,16	35

in %	w1-1	w1-2	w1-3	w1-4	w2	w3-1	w3-2	w3-3	w4-1
Gewichte	5,5	6,6	5,9	5,8	17,4	3,7	3,6	6,1	3,8
Transformation	3,58	4,29	3,84	3,77	11,31	2,41	2,34	3,97	2,47

in %	w4-2	w4-3	w4-4	w4-5	w5-1	w5-2	w5-3	w5-4	w5-5	Σ
Gewichte	4,9	4,6	5,5	5,0	3,7	3,9	3,5	5,8	4,7	100
Transformation	3,19	2,99	3,58	3,25	2,41	2,54	2,28	3,77	3,06	65

3. Grobentwurf

Das Unternehmen hat für das Produkt einen Prototyp erarbeitet. Dabei konnten die Komponenten K1 bis K9 (Tinte, Federspitze, Federring, Tintensauger, Griffel, Federhalter, Abschlusskappe, Luftraum, Schutzkappe) sowie die dazu gehörigen Kostenanteile identifiziert werden. Die Kosten des Prototyps belaufen sich auf 15 €. Die prozentuale Aufteilung der Fertigungskosten kann den einzelnen Komponenten des Tintenschreibers wie folgt zugeordnet werden:

Komponenten	relative DC (in %)
K1	6,9
K2	18,5
K3	6,5
K4	11,6
K5	1,2
K6	36,3
K7	3,9
K8	1,1
K9	14,0
	100,0

4. Komponenten, Komponenten-Funktionen-Matrix

Die Schätzung der Komponentenanteile an der Erfüllung der einzelnen Funktionen hat ergeben:

Komponenten

Komponenten	h_1	h_2	h_3	h_4	h_5	h_6	h_7	h_8	h_9	h_{10}	h_{11}	h_{12}	h_{13}	h_{14}	h_{15}	Σ
Nutzenanteil	5,67	4,76	4,38	1,86	2,91	1,44	1,86	2,34	1,37	1,37	1,16	1,05	1,61	2,10	1,16	35,00 %
K₁ Tinte	0,35	0,40	0,34	-	-	-	-	-	-	0,53	-	-	-	-	-	
K₂ Federspitze	0,35	0,60	0,33	-	-	-	-	-	-	0,08	-	-	-	-	-	
K₃ Federring	0,10	-	0,10	1,00	-	-	-	-	-	0,21	-	0,41	-	-	-	
K₄ Tintensauger	-	-	0,05	-	1,00	-	-	-	-	0,18	-	-	-	-	-	
K₅ Griffel	-	-	0,04	-	-	0,50	0,32	-	-	-	-	0,15	-	-	-	
K₆ Federhalter	0,20	-	0,10	-	0,50	0,32	1,00	1,00	-	1,00	-	0,02	1,00	0,15	-	
K₇ Abschlußkappe	-	-	-	-	-	-	-	-	-	-	-	-	-	0,85	-	
K₈ Luftraum	-	-	0,04	-	-	-	0,36	-	-	-	-	0,22	-	-	-	
K₉ Schutzkappe	-	-	-	-	-	-	-	-	-	-	-	1,00	0,20	-	-	
Σ	1,00	1,00	1,00	1,00	1,00	1,00	1,00	1,00	1,00	1,00	1,00	1,00	1,00	1,00	1,00	35,00 %

Komponenten	w_{1-1}	w_{1-2}	w_{1-3}	w_{1-4}	w_2	w_{2-1}	w_{2-2}	w_{2-3}	w_{4-1}	w_{4-2}	w_{4-3}	w_{4-4}	w_{4-5}	w_{5-1}	w_{5-2}	w_{5-3}	w_{5-4}	w_{5-5}	Σ
Nutzenanteil	3,58	4,29	3,84	3,77	11,31	2,41	2,34	3,97	2,47	3,19	2,99	3,58	3,25	2,41	2,54	2,28	3,77	3,06	65,00 %
K₁ Tinte	-	-	1,00	-	-	-	-	1,00	-	1,00	-	1,00	-	0,69	-	-	-		
K₂ Federspitze	0,64	1,00	-	0,47	-	-	-	-	0,84	-	-	-	-	-	-	-	-	-	
K₃ Federring	-	-	-	0,53	-	-	-	-	-	-	-	0,38	-	-	-	-	-	-	
K₄ Tintensauger	-	-	-	-	-	-	-	-	-	-	-	0,22	-	-	-	-	-	-	
K₅ Griffel	0,36	-	-	-	-	-	-	-	-	-	-	-	-	-	-	-	-	-	
K₆ Federhalter	-	-	-	0,48	1,00	-	-	-	-	-	-	-	-	1,00	0,31	1,00	1,00	1,00	
K₇ Abschlußkappe	-	-	-	-	-	-	0,28	-	-	-	-	-	-	-	-	-	-	-	
K₈ Luftraum	-	-	-	-	-	-	0,72	-	-	-	-	0,40	-	-	-	-	-	-	
K₉ Schutzkappe	-	-	-	-	0,52	1,00	-	-	0,16	-	-	-	-	-	-	-	-	-	
Σ	1,00	1,00	1,00	1,00	1,00	1,00	1,00	1,00	1,00	1,00	1,00	1,00	1,00	1,00	1,00	1,00	1,00	1,00	65,00 %

Komponenten-Funktionen-Matrix

Komponenten	h_1	h_2	h_3	h_4	h_5	h_6	h_7	h_8	h_9	h_{10}	h_{11}	h_{12}	h_{13}	h_{14}	h_{15}	Σ
Nutzenanteil	5,67	4,76	4,38	1,86	2,91	1,44	1,86	2,34	1,37	1,37	1,16	1,05	1,61	2,10	1,16	35,00 %
K₁ Tinte	1,98	1,90	1,49	-	-	-	-	-	-	0,73	-	-	-	-	-	6,06 %
K₂ Federspitze	1,98	2,86	1,45	-	-	-	-	-	-	0,11	-	-	-	-	-	6,41 %
K₃ Federring	0,57	-	0,44	1,86	-	-	-	-	-	0,29	-	0,66	-	-		3,82 %
K₄ Tintensauger	-	-	0,22	-	2,91	-	-	-	-	0,24	-	-	-	-		3,40 %
K₅ Griffel	-	-	0,17	-	-	0,72	0,59	-	-	-	-	0,24	-	-		1,72 %
K₆ Federhalter	1,14	-	0,44	-	-	0,72	0,59	2,34	1,37	-	1,16	-	0,04	2,10	0,17	10,08 %
K₇ Abschlußkappe	-	-	-	-	-	-	-	-	-	-	-	-	-	-	0,99	0,98 %
K₈ Luftraum	-	-	0,17	-	-	-	0,68	-	-	-	-	0,35	-	-		1,19 %
K₉ Schutzkappe	-	-	-	-	-	-	-	-	-	-	-	1,05	0,32	-	-	1,37 %
Σ	5,67	4,76	4,38	1,86	2,91	1,44	1,86	2,34	1,37	1,37	1,16	1,05	1,61	2,10	1,16	35,00 %

Komponenten	w_{1-1}	w_{1-2}	w_{1-3}	w_{1-4}	w_2	w_{2-1}	w_{2-2}	w_{2-3}	w_{4-1}	w_{4-2}	w_{4-3}	w_{4-4}	w_{4-5}	w_{5-1}	w_{5-2}	w_{5-3}	w_{5-4}	w_{5-5}	Σ
Nutzenanteil	3,58	4,29	3,84	3,77	11,31	2,41	2,34	3,97	2,47	3,19	2,99	3,58	3,25	2,41	2,54	2,28	3,77	3,06	65,00 %
K₁ Tinte	-	-	3,84	-	-	-	-	-	2,47	-	2,99	-	3,25	-	1,75	-	-	-	14,30 %
K₂ Federspitze	2,29	4,29	-	1,78	-	-	-	-	-	2,68	-	-	-	-	-	-	-	-	10,99 %
K₃ Federring	-	-	-	1,99	-	-	-	-	-	-	-	1,36	-	-	-	-	-	-	3,38 %
K₄ Tintensauger	-	-	-	-	-	-	-	-	-	-	-	0,79	-	-	-	-	-	-	0,78 %
K₅ Griffel	1,29	-	-	-	-	-	-	-	-	-	-	-	-	-	-	-	-	-	1,30 %
K₆ Federhalter	-	-	-	5,43	2,41	-	-	-	-	-	-	-	-	2,41	0,79	2,28	3,77	3,06	20,15 %
K₇ Abschlußkappe	-	-	-	-	-	-	1,11	-	-	-	-	-	-	-	-	-	-	-	1,11 %
K₈ Luftraum	-	-	-	-	-	-	2,86	-	-	-	-	1,43	-	-	-	-	-	-	1,43 %
K₉ Schutzkappe	-	-	-	5,88	-	2,34	-	-	0,51	-	-	-	-	-	-	-	-	-	11,57 %
Σ	3,58	4,29	3,84	3,77	11,31	2,41	2,34	3,97	2,47	3,19	2,99	3,58	3,25	2,41	2,54	2,28	3,77	3,06	65,00 %

5. Zielkostenindex

Kompo-nenten	Nutzen-anteile in % rel. AC	Kostenan-teile in % rel. DC	Zielkosten-index rel. AC rel. DC	Kritische Komponenten
K1	20,36	6,90	2,95	+ kritisch
K2	17,40	18,50	0,94	- kritisch oder tolerabel
K3	7,20	6,50	1,11	tolerabel
K4	4,18	11,60	0,36	tolerabel
K5	3,02	1,20	2,52	tolerabel
K6	30,23	36,30	0,83	- kritisch
K7	2,09	3,90	0,54	tolerabel
K8	2,62	1,10	2,38	tolerabel
K9	12,94	14,00	0,93	- kritisch oder tolerabel
	100,00	100,00		

6. Zielkostenkontrolldiagramm (K = Z)

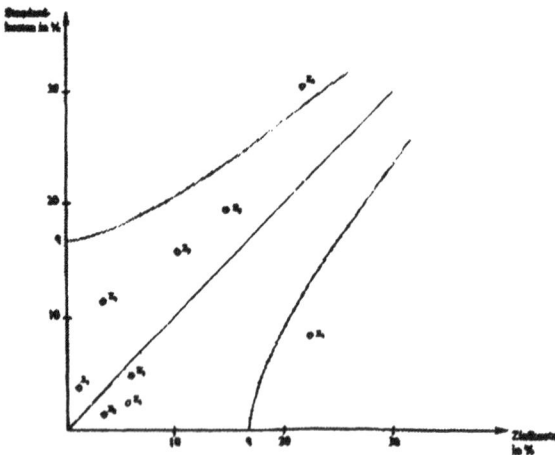

7. Zielkostenerreichung

Alle Komponenten liegen über oder unter dem idealen Zielkostenindex bzw. Vorga-
bewert. Die Komponenten K1 Tinte, K5 Griffel und K8 Luftraum sind gegenwärtig
noch „zu einfach" realisiert und müssen hinsichtlich ihrer kundengerechten Ausführung überprüft werden. Insbesondere die Herstellung und Bedeutung der Komponenten K4 Tintensauger, K6 Federhalten und K7 Abschlusskappe sind näher zu analysieren. Hierzu ist zunächst zu untersuchen, wie sich die Kosten der Komponenten

zusammensetzen und welche Maßnahmen zur Kostenreduzierung sowie zur Verbesserung der Funktionserfüllung prinzipiell denkbar wären. Dafür eignen sich generell kostenbeeinflussende Instrumente wie Value Engineering und Cost Tables sowie rationalisierungsfördernde Konzepte wie Reengineering und Kaizen Costing. Zur Abschätzung der realisierbaren Kostensenkungswerte und zur kontinuierlichen Kalkulation der Standardkosten im Rahmen der Produktneuentwicklung sollte ein stetiges Kostenforechecking Anwendung finden. Um eine Aussage darüber zu machen, inwieweit die angestrebten Zielkosten auch tatsächlich erreicht wurden, ist eine Zielkostenkontrolle zu installieren.

7.3 Beurteilung

Die Anwendung des Taget Costing eignet sich vorrangig für Unternehmen, die einer hohen Wettbewerbsintensität und starken Preiskämpfen ausgesetzt sind sowie Produkte herstellen, die relativ kurze Lebenszyklen und eine hohe Variantenvielfalt aufweisen. Vorwiegend interessieren sich Unternehmen der High-Tech-Industrie wie Automobilbau, Maschinenbau, Elektroindustrie und Feinmechanik für das Target Costing. Weniger Bedeutung hat Target Costing in der Veredelungsindustrie wie der Stahl-, Pharma-, Nahrungsmittel-, Papierindustrie, da hier aufgrund meist kleiner Sortimente und geringer Produktkomplexität vorwiegend eine Prozess- und weniger Produktorientierung betrieben wird. Target Costing ist in japanischen Unternehmen weit verbreitet (Füser, K., Modernes Management, München 1997, 135): Fahrzeugbau 100 %, Elektrotechnik 88,5 %, Maschinenbau 83,2 %, Feinmechanik/Optik 75 %, Textil/Bekleidung 66,7 %, NE-Metall-Industrie 53,5 %, Öl/Gummi/Optik 36,4 %, Chemie/Pharma 31,3 %, Nahrungsmittel 28,6 %, Stahl 23,1 %, Papier/Zellstoff 0 %. Auch in Deutschland wird Target Costing erfolgreich praktiziert, z. B. bei der Audi AG, IBM Deutschland GmbH, Siemens AG. Die Entwicklungsabteilung der Siemens AG, Bereich medizinische Technik, stand trotz jahrelanger harter Kostensenkung bei den Computertomographen vor einer enormen Kostenlücke zum besten Mitbewerber. Durch gezielte Anwendung von Target Costing und konsequente Kundenorientierung konnte die Neuentwicklung eines Nachfolgemodells mit nur 44 % des Kostenniveaus des Vorgängers realisiert werden, die Fertigungszeit auf fast ein Drittel des ursprünglichen Wertes gesenkt werden.

Target Costing ist kein Kostenrechnungssystem, sondern ein Instrument des Kostenmanagements. In Zukunft stelle sich die Frage nach der Weiterentwicklung des Target Costing. Fragen sind beispielsweise: Wie genau sind die Marktanalysedaten?
Wie ist der kombinative Einsatz mit den traditionellen Kostenrechnungssystemen und
den anderen Kostenmanagementinstrumenten zu gestalten? Wie kann der Burn-out
der Entwicklungsingenieure (ständiger Termin- und Kostendruck, permanente
Teammeetings, vielfältige Anforderungen an Zuverlässigkeit und Produzierbarkeit
wirken ermüdend und demotivierend und lassen wenig Spielraum für Kreativität) gelöst werden? Welche indirekten Kosten der Produktion sollten in die Target Costs
einbezogen werden? Welchen Wert sollten die Abweichungsparameter haben? Werden durch die eindimensional-einseitige Kostensichtweise andere wichtige Wettbe-
werbsparameter untergewichtet?

7.4   Aufgaben Nr. 26 bis 30

26 Für den Nachfolger des derzeitigen Standardprodukts, der in drei Jahren auf den
Markt kommen soll, hat das Unternehmen durch eine Befragung der Stammkun-
den deren Anforderungen an das Produkt ermittelt. Es ist daher bekannt, welche
Funktionen das Produkt erfüllen muss und welche Bedeutung jede einzelne Funktion besitzt. Gleichzeitig haben die Techniker im Unternehmen die Anteile der
einzelnen Produktkomponenten an der Funktionserfüllung festgelegt. Die Werte
sind der folgenden Tabelle zu entnehmen:

Funktionen Gewicht Komponenten	F1 20 %	F2 30 %	F3 10 %	F4 40 %
K1	50 %	50 %	20 %	10 %
K2	---	---	50 %	20 %
K3	10 %	---	10 %	---
K4	20 %	40 %	---	70 %
K5	20 %	10 %	20 %	---

Ermitteln Sie anhand dieser Daten die Bedeutung jeder einzelnen Komponente
aus Kundensicht.

27 Die Cyclo GmbH produziert qualitativ hochwertige Fahrradmodelle (Mountain-
Bikes, Rennräder, Tandems, Damen-, Herren- und Kinderfahrräder) (vgl. Coenenberg, Aufgaben, 2003, 233 ff.). Wegen des Wettbewerbsdrucks wurde für die
Entwicklung des neuen Fahrradmodells eine Kundenbefragung durchgeführt. Der
folgenden Tabelle sind die gewichteten Funktionen und die Anteile der Komponenten an der Funktionserfüllung zu entnehmen:

Funktionen	Gewicht	Laufruhe/ Komfort	Sicherheit	Design	Zuverlässig- keit
Komponenten	0,10	0,13	0,40	0,17	0,20
Bremssystem	---	---	50,0 %	---	25,0 %
Rahmen	80,0 %	77,0 %	12,5 %	29,5 %	25,0 %
Schaltung	---	---	12,5 %	29,5 %	25,0 %
Beleuchtung	---	---	12,5 %	11,5 %	---
Sonstiges	20,0 %	23,0 %	12,5 %	29,5 %	25,0 %

Gleichzeitig wurde eine Preisbefragung durchgeführt, die als idealen Einführungs-
preis/Verkaufspreis 500 € pro Fahrrad ergab. Die vom Unternehmen angestrebte
Umsatzrendite beträgt 15 %. Die Verwaltungs- und Vertriebsgemeinkosten werden mit 50 € pro Stück angenommen.

a) Ermitteln Sie die Nutzenanteile der 5 Produktkomponenten (ohne Kommastel-
len).

b) Berechnen Sie auf Basis der Allowable Costs die Zielkosten (Zielherstellkosten) je Komponente.

28 Ein Automobilhersteller will in einigen Jahren ein wasserstoffbetriebenes Kom-
paktfahrzeug auf den Markt bringen (vgl. Schmidt, 2001, 307). Im Rahmen einer
Marktstudie hat man festgestellt, dass es dem Kunden auf Fahrleistungen, Design, Komfort, Werterhaltung und Reparaturanfälligkeit ankommt (Funktionen F1
bis F5). Die Ingenieure im Unternehmen haben den Beitrag der verschiedenen
Produktkomponenten zur Funktionserfüllung geschätzt. Die folgende Tabelle
zeigt die relative Bedeutung der Funktionen aus Kundensicht und den Funkti-
onsbeitrag der Produktkomponenten:

| Funktionen | F1 40 % | F2 20 % | F3 15 % | F4 15 % | F5 10 % |
Komponenten					
K1 Motor	50 %	---	10 %	20 %	50 %
K2 Getriebe	20 %	---	15 %	15 %	15 %
K3 Achsen	10 %	7 %	45 %	10 %	5 %
K4 Chassis	5 %	18 %	15 %	25 %	12 %
K5 Karosse-rie	15 %	75 %	15 %	30 %	18 %

Die Marktforschungsabteilung des Automobilherstellers hat einen Zielpreis von 32.500 € ermittelt. Das Unternehmen strebt eine Umsatzrendite von 12 % an. Das neue Auto soll je Stück 3.600 € Verwaltungs- und Vertriebskosten abdecken.

a) Berechnen Sie die Bedeutung der Produktkomponenten aus Kundensicht (zwei Nachkommastellen).

b) Berechnen Sie die Zielherstellkosten der einzelnen Komponenten.

c) In einer ersten Kalkulation werden folgende Standardkosten bzw. Drifting Costs für die Komponenten K1 – K5 ermittelt: 12.220, 3.120, 4.380, 3.200, 7.600 €. Bei welchen Komponenten wird vom Zielkostenindex = 1 abgewichen und bei welchen dieser Komponenten besteht ein Kostensenkungsbedarf?

29 Die Wald & Wiese GmbH will in zwei Jahren einen selbstantreibenden, mit Akkumulatoren ausgestatteten Elektrorasenmäher auf den Markt bringen. Aufgrund einer Marktstudie lässt sich das Anforderungsprofil folgendermaßen beschreiben: Selbstantrieb mit 3-Gang Vollautomatik Schaltung, flexible Schnittgeschwindigkeit und Höhe, leistungsfähiger Akkumulator, Schnittgras-Auffangbox, verletzungssicheres und verkleidetes Gehäuse (Funktionen F1 bis F5). Das Produktentwicklungsteam kommt zum Ergebnis, dass zur Funktionserfüllung die Komponenten Räder und Antrieb, Gehäuse inkl. Verkleidung und Lenker, Akkumulator, Messer und Antrieb, Klein- und Anbauteile (K1 bis K5) beitragen. Folgende Tabelle gibt die relative Bedeutung der Produktfunktionen und die Bedeutung der Komponenten zur Funktionserfüllung wider:

Funktionen	F1	F2	F3	F4	F5
	30 %	20 %	10 %	20 %	20 %
Komponenten					
K1	60 %	30 %	30 %	---	15 %
K2	10 %	---	---	30 %	80 %
K3	20 %	20 %	70 %	15 %	---
K4	---	50 %	---	---	---
K5	10 %	---	---	55 %	5 %

Der Rasenmäher darf zum Zeitpunkt der geplanten Markteinführung aus Kundensicht höchstens 650 € netto kosten. Die Umsatzrendite soll bei 12,5 % liegen. Auf der Grundlage der zur Verfügung stehenden Informationen über Produkt- und Produktionsmöglichkeiten werden von der Arbeitsvorbereitung erste Kostenschätzungen vorgenommen; danach sind Kosten in Höhe von 700 € zu erwarten. Die Kostenanteile des Grobentwurfs betragen (K1 bis K5): 24 %, 24 %, 20 %, 12 %, 20 %.

a) Ermitteln Sie in einer Matrix die Nutzenanteile der Komponenten (zwei Nachkommastellen).

b) Berechnen Sie auf Basis der relativen Anteile die Zielkostenindizes (zwei Nachkommastellen) und interpretieren Sie diese kurz.

c) Verteilen Sie die Zielkosten auf Basis der Allowable Costs auf die Komponenten.

30 Folgende Daten liegen vor:

Komponenten	rel. AC	rel. DC
K1	42,5	38,4
K2	28,5	34,4
K3	7,5	8,8
K4	17,5	12,8
K5	4,0	5,6

a) Berechnen Sie die Zielkostenindizes der Komponenten.

b) Stellen Sie in einem Diagramm die Komponenten und die Zielkostenzone mit q = 15 % dar.

c) Interpretieren Sie kurz die kritischen Komponenten bezüglich des Zielkostenindexes und des Abweichungsparameters.

8   Lebenszykluskostenrechnung

8.1   Beispiel

Ein Haushaltsgerätehersteller will eine neue Küchenmaschine auf den Markt bringen. Folgende Informationen und Plandaten liegen vor: Projektstart Juli 2003, Markteinführung Mai 2005, Ende Marktphase Dezember 2008 (geschätzte Zahlungen in Mill. €): Auszahlungen: Entwicklung im Jahr 2003 50, 2004 180, 2005 200; Marketing 2005 310; Sonstige Vorlaufkosten 2004 40, 2005 30; Herstellung 2005 30, 2006 130, 2007 90, 2008 70; Verwaltung und Vertrieb 2005 20, 2006 80, 2007 60, 2008 40; Garantie 2005 5, 2006 20, 2007 18, 2008 15; Sonstige Folgekosten: 2006 2, 2007 5, 2008 5. Einzahlungen: Verkauf 2005 150, 2006 525, 2007 420, 2008 320.

Stellen Sie in einer Tabelle die ein- und mehrperiodischen Zahlungsmittelüberschüsse dar.

Lösung:

Jahr	2003	2004	2005	2006	2007	2008
Einzahlungen (E_t)						
Verkauf			150	525	420	320
Auszahlungen (A_t)						
Entwicklung	50	180	200			
Marketing			310			
Sonstige Vorlaufkosten		40	30			
Herstellung			30	130	90	70
Verwaltung und Vertrieb			20	80	60	40
Garantie			5	20	18	15
Sonstige Folgekosten				2	5	5
E_t-A_t nominal	-50	-220	-445	+293	+247	+190
Zahlungsmittelüberschüsse Kumuliert	- 50	-270	-715	- 422	-175	+ 15

Merkmale: Gesamtbetrachtung eines Produktlebens(-zyklus), Verknüpfung von kurzfristiger und langfristiger Betrachtung, Gegenüberstellung der originären Rechengrößen Auszahlungen/Einzahlungen (Ausgaben/Einnahmen), Wegfall von Periodisierungen und damit abgeleiteten Rechengrößen (wie Kosten, Abschreibungen), vereinfachtes Annahmesystem.

8.2 Gestaltung

Die Lebenszykluskostenrechnung (auch Life Cycle Costing genannt), ist eine periodenübergreifende Vollkostenrechnung, die die gesamten Kosten während der Lebenszeit eines Produktes erfasst und sie den gesamten Erlösen des Produktes gegenüberstellt. Sie will eine Aussage darüber treffen, ob sich die Entwicklung eines Produktes lohnen wird bzw. gelohnt hat, ob und wie hoch der Erfolgsbeitrag des Produktes bezogen auf seine Lebenszeit ist. Sie basiert auf dem Grundgedanken, dass ein Produkt nicht nur während der Produktion Kosten verursacht, sondern bereits davor und auch noch danach. Gerade die Kosten, die außerhalb der Vermarktungsphase anfallen, können von der herkömmlichen Kostenrechnung nicht adäquat erfasst werden. In der Folge stellt sich heraus, dass ein Produkt zwar kostengünstig zu produzieren war, aber hohe Investitionen in der Entwicklung erforderte oder hohe Folgekosten verursachte. Die Gesamtrechnung kann dadurch stark negativ sein, ohne dass es die herkömmliche periodenbezogene (meist einjahresbezogene) Kostenrechnung bemerkt.

Für die Lebenszykluskostenrechnung hat sich folgende Vorgehensweise in Praxisobjekten bewährt (Teilschritte): Festlegung der angestrebten Informationen der Lebenszyklusanalyse, Abgrenzung des Problemgebiets, Identifikation der zu bewertenden Alternativen, Erfassung der notwendigen Informationen (Ein- und Auszahlungen über den Lebenszyklus, Zeitpunkt der Ein- und Auszahlungen, Höhe der Ein- und Auszahlungen, Lebenszyklusdauer, relevanter Zinssatz, mögliche Kosteneinsparungen, z. B. durch Subventionen, Steuervergünstigungen, über nicht-monetäre Konsequenzen), Erfassung von Daten zur Bewertung von Alternativen, Produkt- bzw. Systemgestaltung über den gesamten Lebenszyklus.

Die Lebenszykluskostenrechnung ist fortlaufend während des gesamten Produktlebenszyklus durchzuführen, um die Deckung der noch ausstehenden prognostizierten Produktkosten durch die prognostizierten Erlöse zu überprüfen. Ist die Deckung nicht mehr wahrscheinlich, so stehen dem Unternehmen zwei Möglichkeiten offen: entweder die Entwicklung/Herstellung des Produktes abzubrechen oder aber Kostensenkungs- und/oder Erlössteigerungsmaßnahmen zu ergreifen. Die Lebenszykluskostenrechnung muss, um ihre Aufgabe erfüllen zu können, als Entscheidungsgrundlage bereits für die Auswahl der zu entwickelnden Produkte zur Verfügung stehen. Da Kosten zu einem Zeitpunkt prognostiziert werden müssen, zu dem das Produkt in seinen Komponenten und erforderlichen Prozessen noch nicht feststeht, bedient sie sich der Kenngrößen- und Ähnlichkeitskalkulation. Bei der Kenngrößenkalkulation werden auf hohem Abstraktionsniveau Beziehungen zwischen bestimmten Merkmalen des Produktes und Kosten hergestellt; bei der Ähnlichkeitskalkulation wird bei der Kostenschätzung auf Konstruktion und funktionale Ähnlichkeiten schon vorhandener Produkte zurückgegriffen.

Die Lebenszykluskostenrechnung dient weiterhin der Steuerung der Trade-offs zwischen den Kosten der einzelnen Lebensphasen. Innerhalb eines gewissen Rahmens bestehen Substitutionsbeziehungen: Eine Intensivierung der Forschungs- und Entwicklungstätigkeit kann zu einer Reduzierung der Produktions- und Verwaltungskosten während der Marktphase sowie der Folgekosten in der Nachsorgephase führen. Untersuchungen (Shields, D. M., Young, S. M., Managing Product Life Cycle Costs, An Organizational Model, in: Journal of Cost Management, Vol. 5, 1991, 39) haben ergeben, dass eine Geldeinheit Kostenerhöhung in der Produktplanung, Produktentwicklung und Konstruktion acht bis zehn Geldeinheiten an Produktions- und Vertriebskosten erspart. Ferner: In den meisten Fällen verringern qualitativ bessere und üblicherweise kostenintensivere Ausgestaltungen eines Bauteils dessen Schadensanfälligkeit. Bei der Produktion beachtete Recyclingaspekte senken die späteren Kosten aus Rücknahmeverpflichtungen.

Für Zwecke der Lebenszykluskostenrechnung wird zwischen Entstehungs-, Markt- und Nachsorgephase unterschieden. Die Entstehungsphase schließt die Entwicklung des Produkts bis zur Markteinführung ein, also die Entwicklung des Prototyps, der Testprodukte usw. bis zum Start der Serienproduktion. Die Marktphase ist auf den Verkauf beschränkt. Die Nachsorgephase beginnt bereits unmittelbar nach dem Verkauf der ersten Produkteinheit, wenn Garantie- und Reparaturleistungen für das verkaufte Produkt anfallen. Sie umfasst auch die eventuell nötige Entsorgung der verkauften Produkte genauso wie die Verschrottung der nicht mehr benötigten Produktionsanlagen.

In Übereinstimmung mit den angeführten Lebensphasen eines Produktes werden Vorlaufkosten in der Entstehungsphase, Produktionskosten in der Marktphase und Folgekosten in der Nachsorgephase unterschieden. Unter Vorlaufkosten werden alle Kosten zusammengefasst, die vor der Markteinführung entstehen. Es handelt sich dabei nicht nur um die Forschungs- und Entwicklungskosten für das Produkt bzw. die Prozesse, also Personal- und Materialkosten, sondern auch um Kosten wie für die Konstruktion eigenverwendeter Anlagen, Werkzeuge. Weiterhin zählen dazu die Kosten für die Produktionsvorbereitung bis hin zum Abschluss der Pilotserie; ferner die Kosten für Marktforschung, Markterschließung, den Aufbau von Vertriebswegen, die Schulung des Verkaufs- und Servicepersonals, die Kosten für eventuell notwendige Zulassungsgenehmigungen, z. B. für Arzneimittel. Wichtig ist eine kurze Entwicklungsdauer; längere Entwicklungszeiten verursachen zusätzliche Kosten durch längere Ressourcenbindung, Verlust von Know-how durch Fluktuation und Motivationsabnahme, Änderungen der Marktanforderungen und Technologiesprünge. Zu den Folgekosten zählen sowohl Wartungs-, Reparatur- und Garantiekosten als auch Schadenersatzleistungen und eventuelle Entsorgungskosten. Es ist mit um so höheren Folgekosten zu rechnen, je höher der technische Entwicklungsstand eines Produktes ist.

Der überwiegende Teil der Erlöse fällt während der Marktphase für den Verkauf der Produkte an. Erlöse können aber auch in den anderen Phasen erzielt werden; vor allem Subventionen in der Vorlaufphase, ferner Vergütungen für Einschulungen; in der Nachsorgephase Erlöse für Wartungs-, Reparatur- und Serviceleistungen auf vertraglicher Basis.

Werden die Vorlauf- und Folgekosten phasenübergreifend auf die Produkte, die sie verursachen, verrechnet, ergeben sich wichtige Kosteninformationen für die langfristige Preispolitik. Einsichtig ist das Beispiel des Softwarehauses, das hohe Entwicklungs-, aber niedrige Produktionskosten hat. Bei Nichtberücksichtigung der Vorlaufkosten würden u. U. zu niedrige Produktkosten errechnet. Diese Kosteninformationen sind auch für phasenübergreifende Erlösgestaltungen erforderlich. Als Beispiel sind niedrige Produktpreise, aber teuere Wartungsverträge genannt. Sollen die Vorlauf- und Folgekosten auf die verursachenden Produkte verrechnet werden, ergeben sich Abgrenzungs- und Zurechnungsprobleme dann, wenn diese Kosten für verschiedene Produkte anfallen. Das gilt bei Forschungs- und Entwicklungskosten, wenn viele Produkte auf die Forschungs- und Entwicklungsergebnisse eines anderen Produkts zurückgreifen. Zur Verteilung der Forschungs- und Entwicklungskosten müssen Gewichtungsfaktoren bestimmt werden. Um die Kosten verteilen zu können, muss für jedes Produkt eine langfristige Absatzmengenprognose vorliegen. Dies erfordert eine intensive Auseinandersetzung mit dem Produkt und seinen Erfolgswahrscheinlichkeiten. Die Lebenszyklusabsatzmengen sind zweckmäßig auf ein optimistisches, normales und pessimistisches Szenario zu differenzieren.

Nachdem die einzelnen Kosten und Erlöse erfasst sind, kann für jedes Produkt eine Lebenszykluskostenrechnung aufgestellt werden. Um den unterschiedlichen zeitlichen Anfall der Kosten und Erlöse (bzw. den periodenweisen Zahlungsüberschüssen) gerecht zu werden, muss das Problem der Dynamisierung gelöst bzw. (wie aus der Investitionsrechnung bekannt) ein Kalkulationszinsfuß eingeführt werden, mit dem Kosten und Erlöse auf einen gemeinsamen Zeitpunkt ab- oder aufgezinst, z. B. auf den Zeitpunkt 0 abgezinst werden. Im investitionsorientierten Ansatz der Lebenszykluskostenrechnung werden die Rechengrößen Kosten und Erlöse durch die Rechengrößen Auszahlungen und Einzahlungen (Ausgaben und Einnahmen) ersetzt.

Beispiel: Lebenszykluskostenrechnung mit abgezinsten Zahlungsmittelüberschüssen
(vgl. Coenenberg, A.G., Fischer, T. Schmitz, J., Target Costing und Product Life Circle Costing als Instrumente des Kostenmanagements, in: Zeitschrift für Planung, 5/1994, 2ff.)

Ein Unternehmen will ein neues Gerät der medizinischen Diagnostik auf dem Markt einführen. Die Planung sieht vor, das Gerät in einer Kleinserie von insgesamt ca. 1.000 Stück aufzulegen. Es handelt sich um ein Produkt, das sowohl für größere Arztpraxen als auch kleinere Krankenhäuser konzipiert wurde.

Der Zahlungsreihe für das Produkt in der Stückzahl 1.000 liegt ein Planungshorizont von 10 Jahren zu Grunde. Folgende Ein- und Auszahlungen in Mill. € werden geschätzt:

Jahr	2003	2004	2005	2006	2007	2008	2009	2010	2011	2012
Einzahlungen (E$_t$)										
Verkauf				94	99	87	77	89		
Wartung				45	50	57	68	75	64	45
Auszahlungen (A$_t$)										
Entwicklung	11	14	18	14	28	18	5			
Investitionen		12	18	19	22					
Herstellung				38	40	35	30	31		
Vertrieb				20	12	27	15	8		
Wartung				14	17	25	18	15	12	8
Entsorgung									11	11
Verwaltung	15	15	15	23	23	23	23	23	18	18

a) Berechnen Sie die ein- und mehrperiodischen Zahlungsmittelüberschüsse.

b) Berechnen Sie die Barwerte.

Lösung:

a)

Jahr	2003	2004	2005	2006	2007	2008	2009	2010	2011	2012
Einzahlungen (E$_t$)										
Verkauf				94	99	87	77	89		
Wartung				45	50	57	68	75	64	45
Auszahlungen (A$_t$)										
Entwicklung	11	14	18	14	28	18	5			
Investitionen		12	18	19	22					
Herstellung				38	40	35	30	31		
Vertrieb				20	12	27	15	8		
Wartung				14	17	25	18	15	12	8
Entsorgung									11	11
Verwaltung	15	15	15	23	23	23	23	23	18	18
E$_t$ – A$_t$ nominal	-26	-41	-51	+11	+7	+16	+54	+87	+23	+8
nominal kumuliert	-26	-67	-118	-107	-100	-84	-30	+57	+80	+88

b)

Bei Anwendung der Kapitalwertmethode werden alle zukünftigen Ein- und Auszahlungen auf den ersten Zeitpunkt der Zahlung abgezinst bzw. diskontiert. Die Abzinsung erfolgt mit einem Zinssatz, der die gewünschte Mindestverzinsung de Investition darstellt (Kalkulationszinssatz). Meist wird der Zinssatz angesetzt, den der Inves-
tor für Fremdkapital entrichten muss bzw. der ihm entgeht, wenn er zu Gunsten der
Investition auf eine alternative Geldanlage verzichtet. Der Kapitalwert K einer Investition ist die Differenz aus der Summe der Barwerte aller Einzahlungen E$_t$ und der
Summe der Barwerte aller Auszahlungen A$_t$, beide bezogen auf den Zeitpunkt der

ersten Zahlung. Anders ausgedrückt ist der Kapitalwert die Summe der auf den Zeitpunkt der ersten Zahlung abgezinsten Einzahlungs- bzw. Auszahlungsüberschüsse
der Periode.

Formelmäßig gilt:

$$K = \sum_{t=0}^{n} E_t \ (1+i)^{-t} - \sum_{t=0}^{n} A_t \ (1+i))^{-t}$$

bzw.

$$K = \sum_{t=0}^{n} (E_t - A_t)(1+i)^{-t}$$

mit

$(1 + 1)^{-t}$ = Abzinsungsfaktor

Tabelle der Aufzinsungsfaktoren $q^n = \left(1+\dfrac{p}{100}\right)^n$

n	P									
	2 %	3 %	4 %	5 %	6 %	7 %	8 %	9 %	10 %	12 %
1	1,02	1,03	1,04	1,05	1,06	1,07	1,08	1,09	1,10	1,12
2	1,040	1,061	1,082	1,103	1,124	1,145	1,166	1,188	1,210	1,254
3	1,061	1,093	1,125	1,158	1,191	1,225	1,260	1,295	1,331	1,405
4	1,082	1,126	1,170	1,216	1,262	1,311	1,360	1,412	1,464	1,574
5	1,104	1,159	1,217	1,276	1,338	1,403	1,469	1,539	1,611	1,762
6	1,126	1,194	1,265	1,340	1,419	1,501	1,587	1,677	1,772	1,974
7	1,149	1,230	1,316	1,407	1,504	1,606	1,714	1,828	1,949	2,211
8	1,172	1,267	1,369	1,477	1,594	1,718	1,851	1,993	2,144	2,476
9	1,195	1,305	1,423	1,551	1,689	1,838	1,999	2,172	2,358	2,773
10	1,219	1,344	1,480	1,629	1,791	1,967	2,159	2,367	2,594	3,106

Tabelle der Abzinsungsfaktoren $\dfrac{1}{q^n} = \left(1+\dfrac{p}{100}\right)^{-n} = (1+i)^{-n}$

n	P									
	2 %	3 %	4 %	5 %	6 %	7 %	8 %	9 %	10 %	12 %
1	0,980	0,971	0,962	0,952	0,943	0,935	0,926	0,917	0,909	0,893
2	0,962	0,943	0,924	0,907	0,890	0,873	0,858	0,842	0,826	0,797
3	0,943	0,915	0,889	0,896	0,840	0,816	0,794	0,772	0,751	0,712
4	0,924	0,888	0,855	0,822	0,792	0,763	0,735	0,708	0,683	0,635
5	0,906	0,863	0,822	0,784	0,747	0,712	0,618	0,650	0,621	0,568
6	0,888	0,838	0,791	0,746	0,705	0,666	0,790	0,596	0,564	0,507
7	0,870	0,813	0,760	0,711	0,665	0,623	0,583	0,547	0,513	0,452
8	0,853	0,789	0,730	0,677	0,627	0,582	0,540	0,502	0,466	0,404
9	0,837	0,766	0,703	0,645	0,592	0,544	0,500	0,460	0,424	0,361
10	0,820	0,744	0,676	0,613	0,558	0,508	0,463	0,422	0,386	0,322

Mit p = 12 % ergeben sich folgende diskontierten Einzahlungs- bzw. Auszahlungsüberschüsse:

	2003	2004	2005	2006	2007	2008	2009	2010	2011	2012
E_t - A_t diskontiert	-26	-36,61	-40,66	+7,83	+4,45	+9,08	+27,36	+39,35	+9,29	+2,89
diskontiert kumuliert	-26	-62,61	-103,27	-95,44	-90,99	-81,91	-54,55	-15,20	-5,91	-3,02

Der Wert des Jahres 2009 beispielsweise ergibt sich aus (54 $(1+0,12)^{-6}$= +27,36. Der
Kapitalwert des Produkts ergibt sich aus der Summe der diskontierten Einzahlungs-
und Auszahlungsüberschüsse der einzelnen Jahre bzw. unmittelbar aus den diskontierten kumulierten Einzahlungs- bzw. Auszahlungsüberschüssen. Der Kapitalwert
beträgt –3,02. Ein negative Kapitalwert bedeutet, dass das Produkt über seinen Lebenszyklus die gewünschte Mindestverzinsung nicht erreicht. Welche konkrete Ver-
zinsung das Produkt erbringt, lässt sich mit Hilfe der Internen Zinsfußmethode ermitteln. Der interne Zinsfuß einer Investition gibt an, mit welchem Prozentsatz sich das
investierte Kapital im Jahr verzinst. Es ist der Zinssatz, bei dem der Kapitalwert einer
Investition Null ist. Dementsprechend ergibt sich der interne Zinsfuß, indem man die
Formel für den Kapitalwert gleich Null setzt und nach r (r steht hier an Stelle von i,
weil mit einem Kapitalwert von Null der Zinssatz determiniert ist) auflöst.

Formelmäßig gilt:

$$0 = \sum_{t=0}^{n}(E_t - A_t)(1+r)^{-t}$$

Der interne Zinsfuß ist nicht so einfach zu ermitteln, da eine Gleichung zu lösen ist, in
der der gesuchte Wert in einer höheren Potenz auftritt und die Zahlungsreihe keine
gleichmäßigen Rückflüsse über die Zeit aufweist. In solchen Fällen ist keine exakte,
sondern nur eine näherungsweise Ermittelung des internen Zinsfußes möglich. Die
Bestimmung des internen Zinsfußes mit Hilfe der Näherungsrechnung ergibt für einen Versuchszinssatz von r_1 = 11,3 % einen positiven Kapitalwert von 0,25. Da sich
bei r_1 = 11,3 % ein positiver und r_2 = 12 % ein negativer Kapitalwert ergibt, liegt der
interne Zinsfuß des Produkts zwischen 11,3 % und 12 %. Aus der (linearen) Interpo-

lation ergibt sich der interne Zinsfuß des Produkts mit 11,3535 %, d. h. das Produkt verzinst sich jährlich mit 11,3535 %. Zur Rentabilitätsverbesserung des Produkts sind Simulationsrechnungen anzustellen, z. B. Erhöhung der Entwicklungskosten, die später zu Kosteneinsparungen in mehrfacher Höhe führen, Einsatz der Fehlerkostenprogression, bei der durch eine frühzeitige Fehlererkennung eine viel-, in Einzelfällen bis tausendfache Kosteneinsparung bzw. –vermeidung erfolgen kann.

8.3   Beurteilung

Lebenszykluskostenrechnung ist Grundlage für Planung und Kontrolle von Entwicklung, Produktion und Erfolg des Produktes. Sie liefert relevante, dynamische Informationen zur Unterstützung der Entscheidungsfindung des Kostenmanagements. Die relevanten Informationen werden zu einem Zeitpunkt ermittelt und analysiert und in den Entscheidungsprozess einbezogen, zu dem eine Beeinflussung des Systems bzw. Produkts am Kostengünstigsten ist, nämlich so früh wie möglich im Lebenszyklus. Im Unterschied zur Investitionsrechnung werden Ein- und Auszahlungen nicht nur als passiver Faktor erfasst, sondern über den Lebenszyklus hinweg aktiv gestaltet. Die in die Lebenszykluskostenrechnung eingehenden zukunftsgerichteten Daten sind unsicher. Mit der „richtigen" Prognose vom Verlauf des Produktlebenszyklus und von periodenübergreifenden Einzahlungen und Auszahlungen sowie externer Veränderungen und der Wahl eines adäquaten Diskontierungszinssatzes steht und fällt der Aussagegehalt der Lebenszykluskostenrechnung. Mit der Sensitivitätsanalyse können unsichere Ergebnisse eingegrenzt werden. Die Prognose, Simulation und Planung von Lebenszyklusergebnissen erfordert den Einsatz eines leistungsstarken Management-Informations-Systems. Eine einheitliche Datenbasis (Data Warehouse) ist die Grundlage für den Aufbau eines DV-gestützten lebenszyklusbezogenen Produkt-Controllings.

9 Umweltkostenrechnung

9.1 Beispiel

Die Umweltrad AG produziert Fahrräder. Es sind folgende Hauptkostenstellen gebildet worden: Die Fertigungskostenstellen A (100 % funktionsbedingt) und B (30 % umweltschutzbedingt), eine Materialkostenstelle, deren Kosten durch die Verwendung umweltfreundlicher Lacke 10 % umweltschutzbedingt sind, sowie die Vertriebs- und Verwaltungskostenstelle (jeweils 100 % funktionsbedingt). Außerdem gibt es die 100%ig funktionsbedingten Hilfskostenstellen Stromversorgung und Reparaturwerkstatt sowie die Hilfskostenstelle Klärwerk, deren Kosten vollständig umweltschutzbedingt sind.

Der Ausschnitt aus dem Betriebsrechnungsbogen hat folgendes Aussehen:

Kostenarten		Hilfskostenstellen			Hauptkostenstellen						
	Gesamt-kosten	Strom-Versor-gung	Repa-ratur-werkst.	Klär-werk	Ferti-gung A	Fertigung B		Material-KoSt		Ver-trieb	Ver-walt.
						fkt.-Bedingt	umw.-Bedingt	fkt.-bedingt	Umw.-bedingt		
Gehälter	13.100	500	1.200		5.000	2.100		1.800		2.000	500
Hilfslöhne	1.900			600			900		200		
...											
...											
...											
Summe der					7.948,72	7.348,25		5.270,62		3.782,50	3.516,30
Gemeinkosten					1.742,25	1.795,15	3.918,60	1.546,88	757,30	1.451,50	421,75
Bezugs-größen					FEK			MEK		HK	
					20.000	20.000		17.000		96.500	
funktionsb. Kalkulationssatz					40 %	37 %		31 %		3,9 %	3,6 %
umw.-bedingt. Kalkulationssatz					8,7 %		29 %		13,6 %	1,5 %	0,5 %
Kalkulationssatz gesamt					48,7 %	66 %		44,6 %		5,4 %	4,0 %

Die Selbstkosten eines Fahrrades Modell Future berechnen sich wie folgt: Es fallen 500,00 Materialkosten an, wovon 10 % aufgrund der Verwendung umweltfreundlicher Lacke umweltschutzbedingt sind. Die Fertigungseinzelkosten pro Stück betragen 200,00 in der Fertigungskostenstelle A und 400,00 einschließlich 30 % umweltschutzbedingte Kosten in der Fertigungsstelle B.

a) Wie hoch sind die Selbstkosten?

b) Vor Durchführung der Umweltschutzmaßnahmen betrugen die Selbstkosten 1.804,76 €. Interpretieren Sie die Differenz der Ergebnisse.

Lösung:

a)

	funktionsbedingte Kosten		umweltschutzbedingte Kosten		Σ
MEK		450,00		50,00	50,00
+ MGK	31,0%	155,00	13,6%	68,00	68,00
+ FEK A		200,00		---	---
+ FGK A	40,0%	80,00	8,7%	17,40	17,40
+ FEK B		280,00		120,00	120,00
+ FGK B	37,0%	148,00	29,0%	116,00	116,00
= HK		1.313,00		371,40	371,40
+ VtKG	3,9%	65,69	1,5%	25,27	25,27
+ VwKG	3,6%	60,63	0,5%	8,42	8,42
= SK		1.439,32		405,09	405,09

b)

Die Selbstkosten des Modells betragen 1.844,41 €, wovon 405,09 €, dies entspricht 22 % der gesamten Selbstkosten, als umweltschutzbedingte Kosten separat ausgewiesen werden können. Ohne strikte Trennung in funktionsbedingte und umweltschutzbedingte Kosten in allen drei Stufen der Kostenrechnung würde hier nicht sichtbar werden, welcher Teil der Selbstkosten auf die Umweltschutzmaßnahmen zurückzuführen ist. Gründe für eventuell gestiegene Preise können dann nicht als Werbemittel dem Umweltschutz zugeschrieben werden.

9.2   Gestaltung

Die Umwelt konnte lange Zeit als freies Gut betrachtet und genutzt werden, so dass die Ökologie und die daraus resultierenden Kosten in der Betriebswirtschaftslehre kaum Berücksichtigung fanden. In neuerer Zeit hat sich ein Wandel vollzogen. Einerseits führen schwindende natürliche Ressourcen, Umweltverschmutzungsskandale, steigende Umweltorientierung der Konsumenten zu einem wachsenden unternehmerischen Verantwortungsbewusstsein. Andererseits werden viele Untenehmen durch verschärfte Gesetze, Verordnungen oder andere äußere Einflüsse mit stetig steigenden Umweltschutzkosten konfrontiert. Es empfiehlt sich, die Kosten- und Leistungsrechnung so methodisch zu modifizieren und zu erweitern, dass die Umweltschutzkosten transparent und damit planbar, kontrollierbar und steuerbar gemacht werden, kurz: eine Umweltkostenrechnung einzuführen. Unter Umweltkostenrechnung wird eine spezifische, die aktive Umweltschutzpolitik explizit abbildende Kostenrechnung eines Unternehmens verstanden. In einer Umweltkostenrechnung fließen vorrangig Umweltbeanspruchungskosten, d. h. Kosten, die vom Unternehmen zu tragen sind (internalisierte Kosten). Neben diesen Kosten sind auch die vom Unternehmen verursachten Umweltkosten abzubilden, die zu Belastungen einer Volkswirtschaft führen (externalisierte Kosten), z. B. ungefilterte Emissionen.

In der Umweltkostenrechnung können verschiedene Kosteninformationen bereitgestellt werden: Auf der Grundlage betrieblicher Umweltschutzkosten (umweltschutzorientierte Kostenrechnung), auf der Grundlage externalisierten Kosten endogener Umweltbelastungen (ökologieorientierte Kostenrechnung) oder auf der Grundlage betrieblicher Umweltschutzkosten und –nutzen (umweltschutzorientierte Kosten-Nutzen-Rechnung). Grundverfahren ist die umweltschutzorientierte Kostenrechnung. Sie setzt sich aus einer Kostenarten-, Kostenstellen- und Kostenträgerrechnung zusammen. Die Umweltkosten sind in die herkömmlichen Kostenrechnungssysteme (Voll-, Teil-, Ist-, Plankostenrechnung) zu integrieren. In der Istkostenrechnung auf Vollkostenbasis sind die realisierten betrieblichen Umweltschutzkosten gesondert von den übrigen Kostenarten zu erfassen, auszuweisen und zu verrechnen. Es erfolgt eine Trennung aller Kosten in funktions- und umweltschutzorientierte Istkosten. Dann erfolgt die verursachungsgerechte Zuordnung auf die Kostenstellen. Im Hinblick auf den betrieblichen Umweltschutz sind drei Gruppen von Kostenstellen zu unterscheiden: Kostenstellen, die keine Umweltschutzfunktionen erfüllen, z. B. die Kostenstellen Vertrieb und Verwaltung; Kostenstellen, die zu einem bestimmten Anteil Umweltschutz betreiben, z. B. Produktionsanlagen mit integrierten Umweltschutzeinrichtungen; Kostenstellen, die vollständig dem Umweltschutz zuzurechnen sind, z. B. Abwasser- oder Abfallsammler, Recycling-, Klär-, Filter-, Müllverbrennungsanlagen. In den Hauptkostenstellen werden die Gemeinkosten in funktions- und umweltschutzbedingte Kosten unterteilt ausgewiesen. Für die Bildung der Zuschlagssätze können in der Umweltkostenrechnung die gleichen Bezugsgrößen wie bei der herkömmlichen Kostenrechnung verwendet werden. In der Kostenträgerstückrechnung (Zuschlagskalkulation) ist die Aufteilung der Gesamtkosten in funktions- und umweltschutzbedingte Einzel- und Gemeinkosten erforderlich.

9.3   Beurteilung

Die mit Hilfe der Umweltkostenrechnung gewonnenen Informationen tragen zur Unterstützung des unternehmerischen Umweltschutz- und Gewinnzieles bei.

10   Kostenmanagement

10.1 Methoden und Verfahren

Das Kostenmanagement ist durch die exakte Beeinflussung von Kostenstruktur, Kos-
tenverhalten und Kostenniveau gekennzeichnet. Da die Verbesserung der Kostensituation und die Erhöhung der Kostenflexibilität auch zur Beeinflussung des Erfolgs
führen können, ist unter Kostenmanagement ein integriertes Kosten- und Erfolgsma-
nagement zu verstehen. Während sich das operative Kostenmanagement mit seiner
kurz- bis mittelfristigen Ausrichtung auf die unteren Bereiche des Managements bezieht, wird das strategische Kostenmanagement mit seiner langfristigen Ausrichtung
durch das Top-Management wahrgenommen. Die Methoden des Kostenmanagements sind in produkt-, prozess- und strukturorientierte Verfahren zu unterscheiden (vgl. Freidank, C.-Ch., Kostenmanagement, WiSt, Heft 9/1999, 462 ff.).

Produktkostenmanagement: Neuere Erkenntnisse zeigen, dass die Beeinflussbarkeit
der produktbezogenen Lebenszykluskosten in der Entstehungsphase (Konstruktion)
mit bis zu 95 % weitaus am größten ist (Coenenberg, Kostenrechnung, 5.A., 2003,
22). Cost Tables liefern Informationen über Kosten von Baugruppen und Teilen bei
unterschiedlicher Konstruktion, Materialzusammensetzung und Herstellung. Die Pro-
dukt-Wertanalyse (Value Analysis) liefert Informationen über Kostensenkungs-
maßnahmen und Funktionsverbesserungen von Produkten, die sich bereits in der
laufenden Fertigung befinden. Im Schrifttum wird davon ausgegangen, dass durch
Wertanalyse die Herstellkosten um bis zu 20 % gesenkt werden können. In jüngster
Zeit ist jedoch ein Trend in Richtung der Wertgestaltung (Value Engineering) erkenn-
bar, der auf die Kostenbeeinflussung in frühen Phasen der Produktentstehung ab-
zielt.

Prozesskostenmanagement: Ziel der als Prozesskostenmanagement bezeichneten
Bemühungen ist es, die Prozesskosten durch Vereinfachung, Reduzierung und/oder
Eliminierung der ihnen zugrunde liegenden Aktivitäten planmäßig zu senken. In die-
sem Zusammenhang zielt die Prozesskostenrechnung als Instrument der aktivitäts-

orientierten Kostenplanung und –steuerung auf eine langfristige kostenstellenübergreifende Optimierung der gesamten Prozessstrukturen ab.

Kostenstrukturmanagement: Neben den traditionellen kostenstellenbezogenen Soll-
Ist-Vergleichen, die z. B. in der flexiblen Plankostenrechnung überwiegend auf den
Produktionsbereich ausgerichtet sind, stehen in der neueren Literatur vor allem Kos-
tenmanagementverfahren für die indirekten Leistungsbereiche im Vordergrund der
Betrachtung, um die wachsenden Gemeinkosten beherrschbar zu machen, Rati-
onalisierungspotenziale aufzudecken und auch Leistungssteigerungen zu initiieren.
Im Rahmen des Gemeinkostenstrukturmanagements finden die Gemeinkosten-
Wertanalyse und das Zero-Base-Budgeting große Akzeptanz. Die Suche nach Ein-
sparungs- und Rationalisierungspotentialen in Unternehmen betrifft auch die Analyse
und Beeinflussung von beschäftigungsunabhängigen Kosten.

Vor dem Hintergrund einer verstärkten Wettbewerbsintensität auf nationalen und in-
ternationalen Absatzmärkten haben in jüngerer Zeit die Bestrebungen zugenommen,
insbesondere die Organisations- und Produktionsstrukturen von Unternehmen durch
Verschlankung der betreffenden betrieblichen Aktivitäten an die veränderten wirtschaftlichen Rahmenbedingungen anzupassen. Derartige Rationalisierungsüberle-
gungen beziehen sich nicht nur auf die unternehmensinterne Sphäre, sondern
schließen ebenso Zulieferer und Abnehmer mit ein. Die Entwicklung des Lean Pro-
duction und des Lean Managements führten zur Übertragung ihrer inhaltlichen und
prozessualen Prinzipien auf unterschiedlichste Bereiche und Aktivitäten. So entstanden aus diesen Ansätzen etwa die Konzepte des schlanken Informationsmanage-
ments, des Lean Auditing, des Lean Controlling, des Lean Office, des Lean Marketing und des Lean Target Costing, denen neben einer ganzheitlichen Ausrichtung die
Verbesserung der Kostensituation durch nachhaltige Beeinflussungen der Kostenstrukturen gemeinsam ist.

Innerhalb des Lean Managements kristallisieren sich zwei für das Kostenmanagement wesentliche Ansätze heraus, die Konzeption des Reengineering und des Outsourcing. Reengineering kann als tiefgreifendste Maßnahme unternehmerischer

Neuausrichtung definiert werden. Outsourcing ist die Ausgliederung innerbetrieblicher Leistungsbereiche zugunsten von Fremdbezugslösungen.

10.2   Instrumente

Zu den Instrumenten des Kostenmanagements gehören: Konstruktionsbegleitende Kalkulation, Cost Tables, Wertzuwachskurve, Gemeinkostenwertanalyse, Zero-Base-Budgeting, Kaizen Costing, Reengineering, Fixkostenmanagement, Cost Benchmarking, Outsourcing.

Im Rahmen der konstruktionsbegleitenden Kalkulation werden die aus aktueller Sicht realisierbaren Kosten berechnet (Drifting Costs). Die Problematik der konstruktionsbegleitenden Kalkulation besteht darin, dass einerseits die Einflussmöglichkeiten auf die Produktkosten in der Produktentwicklungsphase besonders groß sind, andererseits der Informationsstand über das künftige Produkt noch gering ist. Die Genauigkeit der konstruktionsbegleitenden Kalkulation wird vom Detaillierungsgrad der Produktfestlegung bestimmt. Dieser ist vom Stadium des Produktentwicklungsprozesses und vom Kreativitätsanspruch der Konstruktionsaufgabe abhängig. In einer frühen Phase der Produktentwicklung lässt sich das spätere Produkt nur in seinen Grundzügen beschreiben. Entsprechend können Kostenaussagen nur mit relativ großer Ungenauigkeit getroffen werden. Diese Schätzungenauigkeit muss im Interesse einer frühzeitigen kostenbeeinflussenden Konstruktion in Kauf genommen werden. Entscheidend ist, dass die Kalkulationsungenauigkeit kleiner ist als die Kostenunterschiede der konstruktiven Alternativen. Wenn im Zuge des Produktentwicklungsprozesses der Detaillierungsgrad der Produktfestlegung steigt, muss sich dies in den Kalkulationsergebnissen niederschlagen. Nach dem Kreativitätsanspruch der Konstruktionsaufgabe sind zu unterscheiden: Neukonstruktion, z. B. Entwicklung eines neuen Großraumflugzeugs; Anpassungskonstruktion, z. B. Entwicklung eines Nachfolgemodells für einen Pkw; Variantenkonstruktion, z. B. Leistungssteigerung eines vorhandenen Motors; Konstruktion mit festem Prinzip, z. B. Zusammenstellung einer Verpackungsmaschine aus vorhandenen Modulen. Während es für die Neukonstruktion keine direkten Vorbildprodukte gibt und sie deshalb hohe Ansprüche an die Kreativität des Kostenrechners stellt, handelt es sich bei der Konstruktion mit festem Prinzip nur um geringfügige Anpassungen bereits vorhandener Erzeugnisse.

In der frühen Phase der Produktentwicklung werden Selektionsverfahren der konstruktionsbegleitenden Kalkulation, wie Konstruktionsrichtlinien, Grenzstückzahlen,
Relativkostenkataloge und Kostentabellen bzw. -tableaus (Cost Tables), eingesetzt.
In späteren Phasen der Produktentwicklung kommen verstärkt Prognoseverfahren
der konstruktionsbegleitenden Kalkulation zum Einsatz. Sie sollen Auskunft geben
über die voraussichtlichen Kosten des Gesamtprodukts bzw. seiner Komponenten.
Die Prognoseverfahren lassen sich danach unterschieden, ob sie in das Kostenrech-
nungssystem des Unternehmens integriert sind oder nicht. Prognoseverfahren ohne
Integration ins Kostenrechnungssystem ermitteln die zu erwartenden Produktkosten
entweder mit Hilfe von Kenngrößen oder auf der Basis von Ähnlichkeitsbeziehungen
zu anderen, bereits gefertigten Erzeugnissen (Ähnlichkeits-bzw. Suchkalkulation).
Bei der Ähnlichkeitskalkulation wird die Ähnlichkeit an verschiedenen geometrischen
(Länge, Höhe, Breite u. a.) und/oder produktionstechnischen Merkmalen (Werkstoffe,
Bearbeitungsvorgänge u. a.) gemessen. Prognoseverfahren mit Integration ins Kostenrechnungssystem erfordern die gleichen Grunddaten wie eine Kalkulation bereits
gefertigter Erzeugnisse (Fertigungsmaterial-, Fertigungslohnkosten, Maschinenstunden, Kalkulationssätze). Prognoseverfahren mit Integration ins Kostenrechnungssystem entsprechen im Aufbau einer Plankalkulation und können mit Nachkalkulationen
verglichen werden.

Das in Japan häufig angewandte Verfahren der Kostentabellen bzw. -tableaus (Cost
Tables) stellt die Kosten konstruktiver Alternativen in Abhängigkeit von wichtigen Ko-
steneinflussgrößen, wie der Materialart, Baugruppen, Produktionsanlagen, Produktionsverfahren, dar. Mit Hilfe dieser Daten können Kostenwirkungen von Varian-
tenkonstruktionen bei veränderten Produktionsverfahren transparent gemacht werden. Sie fließen schließlich in das Konstruktions-Kostenmanagement ein. Die unter
vorgegebener Funktion und Qualität optimale und kostengünstigste Konstruktionsal-
ternative kann mit folgenden Maßnahmen erreicht werden: Herabsetzung von Pro-
dukt-, Montage- und Servicekosten durch möglichst einfache Konstruktion; Verwendung wenig störanfälliger Produktionsverfahren; Reduktion der Anzahl von Teilen in
einem Produkt; Standardisierung (Normung, Typung) von Teilen und Komponenten.
Diese Maßnahmen bewirken neben Kostensenkungen durch Reduktionen von La

gerbeständen, Rationalisierungen im Produktionsprozess, Verkürzungen der Durch-
laufzeiten, Verringerungen der Servicekosten auch eine Produktverbesserung.

Beispiel: Cost Table zu Materialalternativen (Schweitzer/Küpper, 7. A., 1998, 308)

Die Wertzuwachskurve zeigt den Verlauf der Kosten der Wertschöpfung eines Produkts während dessen Durchlaufzeit an (Coenenberg, Kostenrechnung, 5. A., 2003,
471). Sie macht eventuell vorhandene Schwachstellen im logistischen System des
Unternehmens transparent. Damit sich alle Zeitabschnitte gemeint, in denen das
Produkt, seine Teile oder Komponenten gelagert, transportiert, sortiert usw. und damit nicht bearbeitet werden. Grafisch wird der Kostenfortschritt bei der Herstellung
des Produkts auf der Ordinate kumuliert über die auf der Abszisse ausgewiesene
Herstellungszeit abgetragen. Die Fläche unterhalb der Wertzuwachskurve entspricht
dem durchschnittlich gebundenen Kapital während der Durchlaufzeit des Produkts
und ist damit Maßstab für die Kosten der Kapitalbindung. In den Zeiten, in denen das
Produkt nicht bearbeitet wird, verläuft die Wertzuwachskurve parallel zur Zeitachse.
In diesen Zeitabschnitten und wenn die Wertzuwachskurve nur eine schwache Steigung aufweist, kann vermutet werden, dass noch eliminierungsfähige Ineffizienzen in
den betrieblichen Abläufen vorhanden sind. Nach empirischen Befunden beträgt der

Anteil der Wertschöpfungszeit an der Durchlaufzeit lediglich 10% (Coenenberg, Kostenrechnung, 5.A., 2003, 471); damit gibt es immer Zeitabschnitte, in denen die
Wertzuwachskurve parallel zur Zeitachse verläuft und damit zeigt die Wertschöp-
fungskurve grundsätzlich einen sprunghaften Verlauf. Je kleiner bei gleicher Durchlaufzeit die gesamte erbrachte Produktwertschöpfung vom Unternehmen ist, desto
flacher ist die Steigung der Wertzuwachskurve und desto länger sind die Zeitabschnitte, in denen die Wertzuwachskurve parallel zur Abszisse verläuft. Für Rationa-
lisierungsmaßnahmen sind vor allem die Abschnitte der Wertzuwachskurve von Interesse, in denen bereits eine hohe Wertschöpfung erreicht ist, da dann eine entsprechend hohe Kapitalbindung die Kosten des Unternehmens besonders erhöht.

Die folgende Abbildung zeigt am Beispiel, wie sich die Wertzuwachskurve im Zeitab-
lauf verändern kann (vgl. Coenenberg, Kostenrechnung, 5.A, 2003, 472). Neben einer Reduzierung der Durchlaufzeit von 21 Wochen ist eine Senkung der Herstellkosten von 500 TEUR zu verzeichnen. Darüber hinaus ist eine Veränderung des Stei-
gungsverhaltens zu erkennen. Durch einen späteren, aber steileren Anstieg der
Wertschöpfung wird die Kapitalbindung verringert.

Wertzuwachskurve vor Projektbeginn

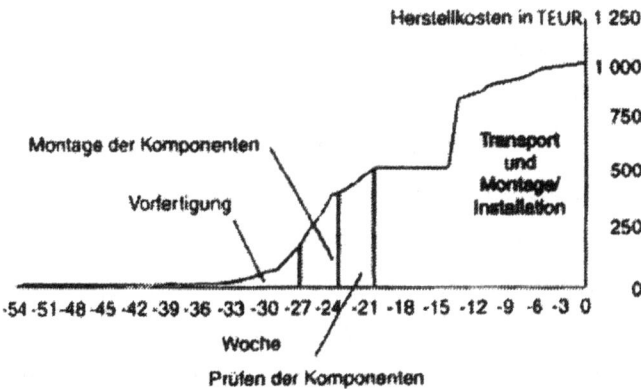

Wertzuwachskurve nach Produktionsanlauf

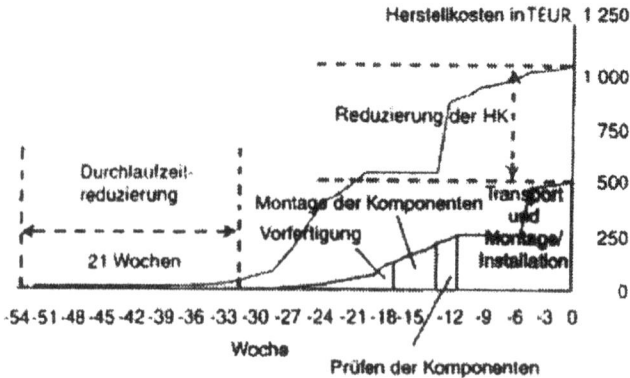

Die Gemeinkostenwertanalyse (GWA, Overhead-Value-Analysis) wurde von der Unternehmensberatung McKinsey in den USA entwickelt und seit etwa 1975 in
Deutschland durchgeführt. Objekt der GWA sind Gemeinkostenbereiche in Unternehmen, vor allem Verwaltungs- und Vertriebsabteilungen. Den Analysezeitraum
bildet in der Regel das vorausgegangene Geschäftsjahr. Ziel ist es, die Effektivität
und Effizienz der in den untersuchten Bereichen erbrachten Leistungen zu erhöhen.
Es wird danach gefragt, ob eine Leistung sinnvoll ist und mit minimalem Mitteleinsatz
erbracht wird.

Die GWA erfolgt in folgenden Teilschritten: Vorbereitende Maßnahmen (Ziel- und
Zeitvorgabe, Projekteinrichtung, Information von Mitarbeitern und Mitarbeitervertretungen, Bilden des Projektteams und Schulung der Projektmitarbeiter), Strukturierung von Kosten und Leistungen (Schätzen der Kosten und Nutzen der von der Kostenstelle erbrachten Leistungen durch die Verantwortlichen einer Kostenstelle,
Durchführen der Kosten- und Leistungsstrukturierung auf Formblättern), Entwickeln
von Rationalisierungsideen, Bewerten der Realisierbarkeit von Rationalisierungsideen, d. h. die eigentliche wertanalytische Arbeit (Einspar-Risiko-Abwägung, Portfo-
lio, Festlegen einer Rangfolge der Einsparempfehlungen, Einstufung in A-, B-, C-
Ideen), Beantragung und Umsetzung von Maßnahmen. Während die Vorbereitungs-
und Analysephase etwa 3 – 6 Monate in Anspruch nimmt, wird für die Umsetzungs-
phase ein Zeitraum von etwa 1 – 3 Jahren veranschlagt.

Das Zero-Base-Budgeting (ZBB) wurde um 1960 von Phyrr bei Texas Instruments entwickelt und seit 1970 in Deutschland eingeführt und später von der Unternehmensberatung A. T. Kearney angeboten. Der Grundgedanke liegt darin, alle Aktivitäten des indirekten Gemeinkostenbereichs im Unternehmen auf ihre Sinnhaftigkeit zu untersuchen. So erklärt sich auch der Name. Zero-Base-Budgeting ist eine Umschreibung des Grundsatzes, dass jede Aufgabe, die in Zukunft getätigt werden soll, von Grund auf (von Null an, Zero Base) neu zu rechtfertigen ist. Das Prinzip ist: Geld gibt es nur gegen den Beweis, dass es profitabel eingesetzt wird. Während die herkömmliche Planung oft auf den Ansätzen des Vorjahres aufbaut, mit prozentualen Änderungen arbeitet und ein Anreiz zum grundlegenden Umdenken fehlt, löst sich ZBB von Vergangenheitsgrößen und versucht eine Neuausrichtung der Strukturen und Abläufe. Eine Begründung unter Bezug auf die Vergangenheit ist nicht zulässig. Wird ZBB konsequent und vollständig angewendet, ist ein erheblicher Aufwand für Analysen und Neuplanung erforderlich.

ZBB vollzieht sich in folgenden Schritten: Formulierung der strategischen und operativen Unternehmensziele, Projekteinrichtung (Festlegung der ZBB-Bereiche, Information der Mitarbeiter und Mitarbeitervertretungen, Auswahl und Schulung der Projektmitglieder, Planung des zeitlichen Ablaufs), Bilden von Entscheidungseinheiten (Aufbrechen der ZBB-Bereiche in einzelne Funktionen bzw. Entscheidungseinheiten, Funktionsanalyse der Entscheidungseinheiten, Strukturierung von Kosten und Leistungen für Entscheidungseinheiten, Festlegen unterschiedlicher Leistungsniveaus bezüglich Quantität, Qualität und Kosten), Bestimmen und Festlegen der Rangordnung von Entscheidungspaketen (jeder Abteilungsleiter bildet für die von ihm erarbeiteten Entscheidungspakete eine Rangordnung, wie aus seiner Sicht die Mittelzuwendung erfolgen soll; die übergeordnete Stelle ordnet die Entscheidungspakete nach Prioritäten), Budgetschnitt (Führung entscheidet über die Mittelzuweisung für die Entscheidungspakete; die Entscheidungspakete werden so weit realisiert, wie das Budget noch nicht ausgeschöpft ist), Realisiation (Umsetzung der Maßnahmen bis zum Budgetschnitt; die Budgets haben für die Abteilung Vorgabecharakter; Planung und Durchführung der festgelegten Veränderungen, wie Planung der erforderlichen personellen Veränderungen, Beeinflussung von Investitionsvorhaben, Festlegung der Verantwortlichkeiten und der Termine für die Umsetzung der Maßnahmen), Überwachung der Durchführung und Budget-kontrolle.

GWA und ZBB sind methodisch ausgereifte Rationalisierungsinstrumente. Die Me-thoden bauen auf einem detaillierten Durchführungsplan auf, der neben der Defini-tion einzelner Schritte zum Organisationsablauf auch personell-organisatorische As-pekte beinhaltet. Beide Verfahren kommen vor allem in den repetitiven Gemeinkos-tenbereichen zum Einsatz und haben damit das gleiche Anwendungsgebiet. Die GWA ist vor allem auf Kosteneinsparungen konzentriert und damit inputorientiert, das ZBB zielt auf Leistungsverbesserungen ab und ist damit outputorientiert. Die GWA und das ZBB sind keine Instrumente des laufenden Kostenmanagements, bei-den Instrumenten haftet der Charakter der sogenannten Einmalinvestitionen an, da zwar zunächst Einsparungen bzw. Leistungsverbesserungen erzielt werden, diese aber häufig nach kurzer Zeit auf Grund mangelnder dauerhafter Umsetzung des Konzepts durch das Management oder fehlender Unterstützung des Beratungsunter-nehmens nach Abschluss der Projektdurchführung durch rasche Kostensteigerungen kompensiert werden.

Im Kaizen Costing kommt eine Denkweise zum Ausdruck, die eine kontinuierliche Verbesserung (KVP = kontinuierlicher Verbesserungsprozess) der Produkt- und Pro-zessqualität durch Einbezug sämtlicher Mitglieder des Unternehmens anstrebt ("Null-Fehler-Qualität"). Kaizen ist ein kontinuierlicher auf die gesamte Wertschöpfungs-kette (Beschaffung-Produktion-Absatz) bezogener ganzheitlicher Ansatz der Verbes-serung und integriert neben den direkten und indirekten Funktionsbereichen auch Lieferanten und Kunden.

Die Kaizen-Philosophie umfasst eine Vielzahl eigenständiger Methoden und Werk-zeuge, die sich als Verbesserungsinstrumente nutzen lassen. Durch stetiges Lernen und Nutzung der Problemlösungs- und Handlungskompetenzen der Mitarbeiter sol-len Verschwendungen in allen Bereichen des Unternehmens erkannt und eliminiert werden. Ausgangspunkt der Verbesserungsaktivitäten ist das Bewusstsein, dass einmal Erreichtes fortwährend weiterentwickelt werden kann. Verbesserte Ergeb-nisse können nur durch Veränderung der zugrunde liegenden Prozesse realisiert werden. Daher ist die Ergänzung von ergebnisorientiertem durch prozessorientiertes Denken wesentliche Grundlage von Kaizen. Kaizen ist Bestandteil der täglichen Arbeitsaufgabe: Jeder Mitarbeiter muss Problemen eine positive Einstellung (Identifikation) entgegenbringen und ständig über Möglichkeiten der Verbesserung der eigenen Arbeitsleistung nachdenken. Zur Einbindung sämtlicher Mitglieder des Unternehmens haben sich Kaizen-Workshops bewährt, z. B. in der Automobilindustrie. Auch das Management ist gefordert, sich aktiv am Prozess der kontinuierlichen Verbesserung zu beteiligen. Dazu muss es geeignete Rahmenbedingungen schaffen sowie Ideen und Verbesserungsvorschläge der Mitarbeiter fördern.

Reengineering ist eine geistige Grundhaltung zur grundlegenden Neugestaltung des Gesamtunternehmens oder von Unternehmensteilen bzw. –prozessen. Es findet ein fundamentaler Wandel im Denken bzw. der Werte statt. Um diesen Wandel herbeizuführen, müssen die bisherigen Geschäftsprozesse in Frage gestellt bzw. von Grund auf überdacht und anschließend die Abläufe völlig neu gestaltet werden mit dem Ziel einer drastischen Leistungsverbesserung. Ein Geschäftsprozess ist eine Gesamtheit von integrierten Tätigkeiten, mit denen ein Produkt hervorgebracht oder eine Dienstleistung bereitgestellt wird. Reengineering fällt in den Verantwortungsbereich der Unternehmensführung oder der für die strategischen Geschäftseinheiten verantwortlichen Führungskräfte. Reengineering ist im Wesentlichen ein Top-Down Ansatz, da organisatorische Barrieren aufgebrochen und neue Denkweisen eingeführt werden müssen. Der Konflikt zwischen Top-Down und Bottom-Up wird in erfolgreichen Unternehmen dadurch gelöst, dass Führungskräfte und Mitarbeiter in die Entscheidungen eingebunden sowie klare und messbare Ziele vereinbart werden. Wichtige Aufgabe ist die Errichtung eines multidisziplinären Teams, dessen Mitglieder kreativ denkende Individuen aus wichtigen Funktionsbereichen und regionalen Einheiten, aber auch innovative Persönlichkeiten von außerhalb des Unternehmens sind. Das Team wird von einem Prozesseigner geführt, der weder Kompromisse in Bezug auf die Qualität der Mitglieder noch in Bezug auf die Ausführung eingehen darf. Die zentrale Frage beim Reengineering lautet: Wenn wir bei Null beginnen würden, wie würden wir das Problem angehen? Dabei weist das Reengineering folgende wesentlichen konzeptionellen Merkmale auf: Quantensprünge (eine radikale Neugestaltung des Gesamtunternehmens bzw. sämtlicher Unternehmensprozesse), Kundenorien tierung (Kunde ist sowohl der externe als auch der interne Leistungsnehmer; Merkmale sind: Qualität, Zuverlässigkeit der Produkte, Service, Eingehen auf individuelle Kundenwünsche, zufrieden stellende Beschwerdeabteilung, kundenorientierte Mitarbeiter in allen Bereichen), Pardigmawechsel hinsichtlich der Organisation (die traditionelle Unternehmensorganisation mit vielen hierarchischen Ebenen nimmt ab; die Veränderungen in der Umwelt verlangen nach flexibleren, kundenorientierten Unternehmen; sie verlangen eine flachere, schlankere Organisation, in deren Mittelpunkt Geschäftsabläufe stehen, die auf den Kunden ausgerichtet sind), Prozessorientierung (ersetzt die funktionale durch eine prozessorientierte Denkweise).

In der Anwendung von Reengineering sind Unternehmen vorne zu sehen, die große Veränderungen in der Art des Wettbewerbs zu bewältigen haben. Unternehmen wie Bell Atlantic, IBM, IWC, Daimler Benz sowie Lieferanten großer Unternehmen sind Beispiele für Organisationen, die sich auf veränderte Spielregeln des Wettbewerbs einstellen mussten und Reengineering betrieben haben. Nach einer Untersuchung (Homburg, Ch., Hocke, G., Change Management durch Reengeneering? Eine Bestandsaufnahme, in: zfo, H. 5/1998) wurden von den wesentlichen Zielen erreicht: Steigerung der Produktivität (26%), Erhöhung der Prozessgeschwindigkeit (38%), Steigerung der Prozessqualität (31%), Steigerung der Kundenorientierung (28%), Erhöhung der Prozessflexibilität (33%). Durchgeführt wird Reengineering vor allem in der Produktion (61%), dann folgen Vertrieb (48%), Controlling (35%), F & E (26%).
Es gibt auch zahlreiche Beispiele fehlgeschlagener Reengineeringprojekte. „Die wirklichen Probleme bei der Einführung und Umsetzung sind nicht technischer oder wirtschaftlicher, sondern kultureller Art" (Hinterhuber, H.H, /Matzler, K., WISU 2/1995, 138).

Der Anstieg der Fixkosten, der auf neuere Entwicklungen im Bereich der computergestützten Fertigung und Automatisierung zurückzuführen ist, unterstreicht die Bedeutung eines effektiven Fixkostenmanagements. Ziele des Fixkosten-managements sind die Erhöhung der Fixkostentransparenz und die vorteilhafte Gestaltung des Fixkostenblocks. Im Zentrum steht dabei die Abbaufähigkeit und die Flexibilität von Fixkosten. In Zeiten zunehmender Unterbeschäftigung besteht für ein Unternehmen mit geringer Kostenelastizität die Gefahr einer erheblichen Verschlechterung der eigenen Kostensituation im Vergleich zu Konkurrenten, deren Fixkostenstruktur einen höheren Elastizitätsgrad aufweist. Auf operativer Ebene sind im Rahmen des Fixkostenmanagements die gegebenen bzw. gebundenen Potenzialfaktoren auf ihre Flexibilität hin zu analysieren. Als Instrument für den Fixkostenabbau steht die fixkostenmanagementorientierte Plankostenrechnung zur Verfügung, die die fixen Kosten differenziert nach deren Bereitschaftsgraden und Bindungsdauern erfasst und damit die Abschätzung ermöglicht, in welchem Zeitintervall die Betriebsbereitschaft einer Kostenstelle reduziert werden kann und welche Einsparungen daraus resultieren.

Am Beispiel für die Abbaufähigkeit fixer Personalkosten soll dies veranschaulicht werden:

Einflussgröße	Beispiel
Potenzialfaktorart	Mitarbeiter
Vertragsart	Arbeitsvertrag
Vertragsbeginn	1.1.2004
Vertragsmindestdauer	drei Monate
Möglicher Abbauzeitpunkt	quartalsweise
Personalvorlaufkosten	Summe der Anwerbungs-, Einstellungs- und Anlernkosten
Periodenkosten	7.200 €
Folgekosten des Potenzialabbaus	50.000 € Abfindungkosten

Auf strategischer Ebene besteht das Ziel des Fixkostenmanagements vor allem in einer Erhöhung der Flexibilität fixer Kostenstrukturen bzw. in Schaffung flexibler Strukturen und Kapazitäten, um verbesserte Rationalisierungsmöglichkeiten bei Beschäftigungsrückgängen zu schaffen. Hierzu dient ein Fixkostenportfolio, das die möglichen Handlungsalternativen, z. B. Investitionen in bestimmte Geschäftsfelder, bezüglich Marktstabilität und Fixkostenflexibilität, positioniert.

Beispiel: Fixkostenportfolio

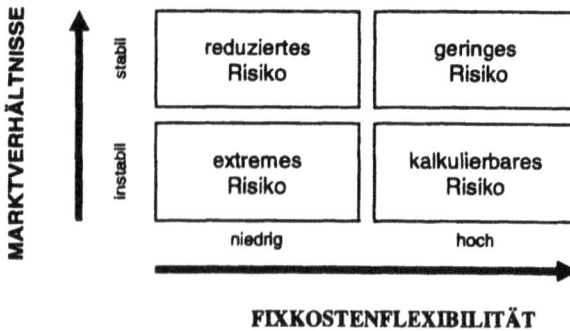

Das führt zu vier unterschiedlichen Risikogruppen mit folgenden Strategieempfeh-
lungen: Geringes Risiko (Idealzustand; längerfristige Prognosen im Hinblick auf das
Marktwachstum sind zu prüfen), kalkulierbares Risiko (Strategien müssen im Bereich
des absatzpolitischen Instrumentariums ansetzen), reduziertes Risiko (die Bindungs-
dauer fixer Kosten sind zu senken), extremes Risiko (Rückzug aus dem Geschäfts-
bereich/der Geschäftseinheit ist zu prüfen; die Bindungsdauern fixer Kosten sind zu
senken).

Für die einzelnen strategischen Geschäftseinheiten (SGE) lässt sich ein Soll-Portfolio
entwickeln:

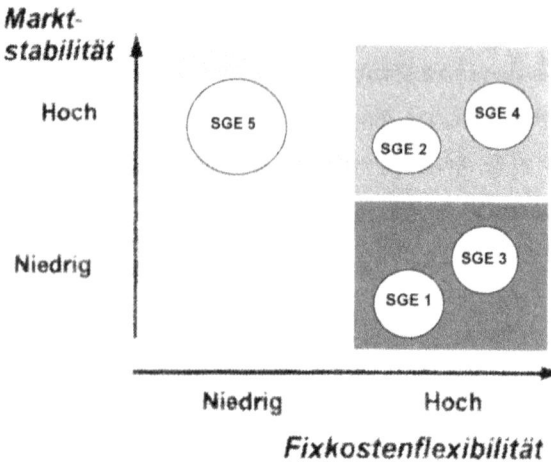

Folgende Normstrategien lassen sich ableiten: Wachstums-, Diversifikationsstrate-
gie, Strategie der kürzeren Bindungsdauern (durch Fremdvergabe, zeitlich befristete
Arbeitsverträge, Leiharbeitsverträge, Übergang zu Miete/Leasing, Verkauf von Eigen-
tumspotenzialen, Vertragsdauersteuerung, Vertragsablaufsteuerung), Desinvestiti-
onsstrategie.

Cost Benchmarking bezweckt, auf der Basis von Vergleichs- und Richtwerten, sog.
Benchmarks, anderer Unternehmen (in führender Position) nachhaltige Verbesserun-
gen der eigenen Unternehmenstätigkeit zu realisieren. Dabei lässt sich Best Practice
danach unterscheiden, ob ein Unternehmen Branchenerster ist, also Best in Class,
oder ob es sogar einen Weltstandard über alle Branchen hinweg schafft, also Business Excellence praktiziert. Diese hervorragenden Unternehmen als Klassenbeste
bestimmen die Anforderungen im zukünftigen Wettbewerb, indem sie heute schon
festlegen, was morgen Standard sein wird. Für die Konkurrenten bedeutet dies, dass
sie ein erhebliches Verbesserungspotential in allen strategisch wichtigen Bereichen
realisieren müssen, um zukünftig wettbewerbsfähig zu bleiben. Die weiteste, aber
auch effektivste Form des verbesserungsorientierten Vergleichens ist ein branchen-
übergreifendes Benchmarking. Dennoch lassen sich auch innerhalb einer Branche
oder sogar des eigenen Unternehmens aussagefähige und damit wertvolle Bench-
mark-Partner identifizieren. Dies ist zum einen immer dann gegeben, wenn in der
eigenen Branche oder sogar im eigenen Unternehmen, z. B. Niederlassungen, Joint-
Venture-Partner, die Best-Practice-Leader ansässig sind. Der Vorteil eines solchen
Inhouse-Benchmarking liegt in der besseren Vergleichbarkeit der Ausgangsbedin-
gungen und damit der Benchmark-Kriterien, da sich Arbeitsaufgaben und -prozesse
in den einzelnen Unternehmenseinheiten ähneln, und zusätzlich auch in der zumeist
einfacheren sowie genaueren Datenbeschaffung. Neben dem internen sowie dem
branchengleichen oder branchenfremden Benchmarking lässt sich noch zwischen
einer offenen und einer verdeckten Variante unterscheiden. Beim ersteren kennen
sich die jeweiligen Benchmarking-Partner und stehen im unmittelbaren Kontakt miteinander. Dagegen stehen beim verdeckten Benchmarking die Partner in keinem direkten Kontakt miteinander und sind häufig untereinander nicht bekannt. Das eigentliche Benchmarking wird hierbei von einer Clearing-Stelle übernommen.

Der Benchmarking-Prozess besteht im wesentlichen aus fünf aufeinanderfolgenden Prozessabschnitten. In der ersten Phase werden die Bereiche festgelegt, die Gegenstand des Benchmarking sein sollen. Hierzu bedarf es zunächst einer objektiven Stärken-/Schwächen-Analyse einzelner Marktleistungen und/oder Funktionsbereiche. Die aktive Einbeziehung der Mitarbeiter ermöglicht es, dass jeder Mitarbeiter seine Erfahrung und seinen Sachverstand einbringen kann, um Schwachstellen aufzudecken, die durch ein zu langsames, umständliches, aufwendiges, fehlerhaftes und überkomplexes Arbeiten entstehen. Zur Identifikation von Schwachstellen und ihren Ursachen sind die klassischen Qualitätswerkzeuge, wie z. B. das Ishikawa-Diagramm (Cause and Effect Diagram), Beziehungsdiagramme (Interrelationship Diagram) und die 7 Ws (Warum, Was, Wann, Wo, Wer, Wie, Womit?) geeignet. Bei Produktionsunternehmen kommen die verwendeten Materialien, Zahl der Bauelemente, Dauer der Produktion, Konstruktionsprinzipien, Art der Montage, Zahl der Produktvarianten, Lieferanten, Absatzmengen; bei Dienstleistungsunternehmen Leistungsumfang, Angebotsmengen, Flexibilität des Angebots, Servicegrad, Schnelligkeit, Qualifiaktion der Mitarbeiter in Frage. Aber auch Prozesse, die direkt auf die Kundenzufriedenheit und –bindung wirken, sollten verglichen werden. In der zweiten Phase besteht die Aufgabe, geeignete Benchmarking-Partner zu finden (Pool von Unternehmen) und zu gewinnen. In der dritten Phase wird der eigentliche Analyseprozess durchgeführt. Hierbei sind Fragenkataloge, Kennzahlen und Bewertungsskalen zu entwickeln. Zur Datenerhebung werden vor allem die persönliche, telefonische und schriftliche Befragung angewandt. In der vierten Phase erfolgt die Erarbeitung von Optimierungsmaßnahmen bzw. eines strategisch fundierten Konzepts im eigenen Unternehmen (To-Do-Listen). In der fünften Phase sind die Verbesserungsmaßnahmen zu realisieren. Anschließend gilt es, die Wirkung der realisierten Maßnahmen zu analysieren. Hierbei sind die Verbesserung der Leistungsfähigkeit und die damit verbundenen Kosten zu beurteilen (Wirtschaftlichkeitsanalyse).

Das erste Benchmarking-Projekt fand zwischen Rank Xerox und L. L. Bean statt und betraf die Funktion Logistik/Vertrieb des Sportartikelversenders. Rank Xerox hatte mit Problemen der Ineffizienz zu kämpfen und hatte im Versandbereich hohe Kostensenkungspotentiale ausgemacht. Rank Xerox gelang es, von L. L. Bean zu lernen und im eigenen Unternehmen Kosten zu sparen. Ein anderes Benchmarking-Projekt führender U-Bahn-Gesellschaften der Welt (Berlin, London, Paris, New York, Hong-kong) rief 1995 die U-Bahn-Gesellschaft Hong Kongs (MTRC) ins Leben. Ein wesentlicher Vorteil ist die Tatsache, dass die Partner nicht untereinander konkurrieren können und zahlreiche Leistungsparameter öffentlich bekannt sind. Das Projekt wurde auf die Themen Ertragsleistung, Effizienz, Kapazitätsnutzung, Zuverlässigkeit, Servicequalität ausgelegt. Die Gesellschaften wurden zum Beispiel im Bereich Ertragsleistung anhand der Kennzahlen Gesamtkosten/Fahrgäste, Betriebskosten/Fahrgäste, Unterhaltungskosten/gefahrene Wagenkilometer, Fahrpreis/Fahrgäste, Gesamteinnahmen/Betriebs- und Unterhaltungskosten, Betriebskosten/gefahrene Wagenkilometer, Gesamtkosten/gefahrene Wagenkilometer gemessen.

Beispiel: Cost Benchmarking

Unternehmen X hat das Unternehmen Y als Partner für ein Cost Benchmarking gewinnen können. Als Benchmarking-Objekt wurden die Kosten des Hauptprozesses „Montageauftrag abwickeln" mit den Teilprozessen „Auftrag terminieren", „Material disponieren", „Arbeit verteilen und Arbeitspapiere bereitstellen" und „Arbeitsfortschritte überwachen" ausgewählt. Die Kosten der Prozesse wurden bei beiden Unternehmen nach der Prozesskostenrechnung ermittelt:

Benchmarking-Objekt	Unter- nehmen X	„Unter- nehmen Y	Differenz X/Y
Teilprozess „Auftrag terminieren"	10,80 €	9,80 €	1,00 €
Teilprozess „Material disponieren"	22,70 €	17,20 €	5,50 €
Teilprozess „Arbeit verteilen und Arbeitspapiere bereitstellen"	12,90 €	10,90 €	2,00 €
Teilprozess „Arbeitsfortschritt überwachen"	8,60 €	8,60 €	0,00 €
Hauptprozess „Montageauftrag abwickeln"	55,00 €	46,50 €	8,50 €

Lösung:

Von den Teilprozessen fällt vor allem der Prozess „Material disponieren" auf, weil seine Kosten bei Unternehmen Y um 5,50 € bzw. 25 % niedriger sind als bei Unternehmen X. Bei der Abweichungsanalyse zeigt sich, dass Unternehmen Y ein hochmodernes automatisches, zentral gelegenes Hochregallager hat. Unternehmen X hat dagegen zentrale Lager, die umfangreiche Dispositions- und Logistikprozesse erforderlich machen. Daraufhin werden bei Unternehmen X folgende Kostensenkungsziele gesetzt:

Kurzfristig sollen die Kosten des Teilprozesses von 22,70 € auf 19,50 E gesenkt werden. Das soll dadurch erreicht werden, dass die bestehenden Lager und die Logistikprozesse optimiert werden. Langfristig sollen die Kosten des Teilprozesses auf 16,50 € gesenkt werden. Das soll durch den Bau eines zentralen Hochregallagers erreicht werden. Mit dem langfristigen Kostenziel (16,10 €) will das Unternehmen X das Unternehmen Y (17,20 €) überflügeln.

Outsourcing kann unter Betonung des mittel- und langfristigen Charakters im industriellen Bereich als strategische Zusammenarbeit von Zulieferern und Abnehmern definiert werden. Die konsequente Umsetzung des Konzepts führt zu einer völligen Neuordnung der gesamten Zuliefererumwelt. Im Prinzip soll eine vollständige Schnittstellenvermeidung die Möglichkeit der Zulieferung kompletter Systemkomponenten (Modular Sourcing) eröffnen, wodurch die Anzahl der Zulieferer reduziert wird (Best-Practice-Lieferanten). Von größter Bedeutung ist die Gestaltung der Schnittstelle zum Zulieferer. Zum einen sind umfangreiche Abstimmungen erforderlich, um Konzepte wie etwa Simultaneous Engineering und Just-In-Time erfolgreich umzusetzen. Dies ist vor dem Hintergrund der Lieferung von Systemkomponenten (Black-Box-Systeme) dringend geboten. Zum anderen kommt es im Rahmen eines konsequent verfolgten Target Costing zur Vorgabe von Zielkosten auf der Zuliefererebene (Zulieferer-Cost-Engineering). Zwingend notwendig ist dabei im Vorfeld des Produktionsprozesses die Offenlegung der Kostensituation des Zulieferers zum Zwecke der gemeinsamen, detaillierten und zielgerichteten Kostenabstimmung. Die Kommunikation der Vertragspartner wird dabei wesentlich durch die Mittel der modernen Informationstechnologie unterstützt. Wichtige Voraussetzung des Outsourcing ist die vertrauensvolle Zusammenarbeit der Vertragspartner, die sich im Target Costing z. B. dadurch äußert, dass sowohl Zulieferer als auch Abnehmer an Kosteneinsparungen beteiligt werden. Auch im Dienstleistungsbereich kommt es zur Auslagerung von ganzen Funktionsbereichen oder sogenannten Schalenaktivitäten an Dritte. So ist bei der Informationsverarbeitung die Übertragung von Teilaktivitäten, wie Datenschutz und Datensicherung (partielles Outsourcing), bis hin zur kompletten Übernahme sämtlicher Dienste (totales Outsourcing) durch externe Rechenzentren denkbar. Dem Controlling kommt die Aufgabe zu, die optimale Balance zwischen Kostenersparnis über Beauftragung von spezialisierten Unternehmen und zusätzlichen Kosten durch steigende Planungs- und Koordinationstätigkeiten zu finden.

11   Fragen

1   Was sagt das Kostenverursachungsprinzip aus und wie kann aus diesem Prinzip das Proportionalitätsprinzip abgeleitet werden?

2   Welche Ziele verfolgt der Kostenrechner mit den kalkulatorischen Abschreibungen?

3   Wie werden Gemein-, wie Einzelkosten im Betriebsabrechnungsbogen behandelt?

4   Wie unterscheiden sich das Anbau-, Stufenleiter- und Gleichungsverfahren?

5   Was versteht man unter Grenzkosten und unter welcher Voraussetzung sind die Grenzkosten mit den variablen Stückkosten identisch?

6   Wie unterscheiden sich die mehrstufige bzw. stufenweise Fixkostendeckungsrechnung und die mehrstufige Kundendeckungsbeitragsrechnung?

7   Weshalb lässt sich eine wirksame Kostenkontrolle nur im System der flexiblen Plankostenrechnung durchführen?

8   Angenommen, in einer Fertigungskostenstelle werden die flexible Plankostenrechnung und die flexible Budgetierung eingesetzt. Worin besteht dann der Unterschied?

9   Was gilt per definitionem hinsichtlich der Beschäftigungsabweichung in der Grenzplankostenrechnung?

10 Inwiefern kann das Gesamtkostenverfahren als kostenartenorientiertes, das Umsatzkostenverfahren als kostenträgerorientiertes Erfolgsrechnungsverfahren bezeichnet werden?

11 Wie kann man aus der Erfolgsgleichung G = E - K die Break-even-Menge bestimmen?

12 Welche wesentlichen Ziele werden durch den Einsatz der Prozesskostenrechnung verfolgt und in welchen Formen kann eine Prozesskostenrechnung gestaltet werden?

13 Inwieweit verbindet die Zielkostenrechnung die Kostenrechnung mit dem Marketing?

14 Welche Instrumente zur Anpassung der Drifting an die Allowable Costs bzw. zur Kostenreduzierung sind prinzipiell denkbar?

15 Was versteht man unter Lebenszykluskosten und welche Informationen sind für die Durchführung einer Lebenszykluskostenrechnung notwendig?

12   Fallstudien

Fallstudie 1: Heimrobo GmbH

Vollkostenrechnung, Teilkostenrechnung, Kurzfristige Erfolgsrechnung

Die Heimrobo GmbH produziert Staubsauger, Kaffee- und Küchenmaschinen und setzt diese ab. Das Unternehmen betreibt Vollkostenrechnung, eine Teilkostenrechnung und die Kurzfristige Erfolgsrechnung mit Ist-Kosten. Nachfolgend sind die Vollkostenrechnung und die Teilkostenrechnung jeweils einschließlich Betriebsergebnisrechnung durchzuführen – Beträge in € - (vgl. Ebert, G., Kosten- und Leistungsrechnung, 10. A, Wiesbaden 2004, 238 ff.)

Vollkostenrechnung

Für die Abrechnungsperiode liegen folgende Kostenartenrechnung vor:

Kostenart	Betrag
Fertigungsmittel	1.880.000,00
Hilf- und Betriebsstoffe	381.300,00
Strom und Wasser	170.900,00
Fertigungslohn	849.000,00
Hilfslohn/GK-Lohn	470.000,00
Gehälter	1.200.800,00
Soziale Abgaben	835.400,00
Reisekosten	22.400,00
Sonstige Kosten	477.200,00
Sondereinzelkosten Fert.	27.000,00
Sondereinzelkosten Vert.	452.466,50
Kalkulatorische Abschr.	260.000,00
Kalkulatorische Zinsen	142.000,00
Gesamt	7.168.466,50

In der Kostenstellenrechnung liegen für die Erstellung der Betreibsabrechnungsbogen folgende Angaben vor:

Kostenstellen

Hilfskostenstellen: Fuhrpark, Arbeitsvorbereitung,

Hauptkostenstellen: Material, Fertigung I (Bearbeitung), Fertigung II (Montage), Vertrieb, Verwaltung

Kostenschlüssel

Die primären Gemeinkosten verteilen sich wie folgt:

Kostenart	Fuhrp.	Arb.vor	Mat.	Fert I	Fert II	Vert.	Verwalt.
Hilf- und Betriebsstoffe	8.200	-	5.000	99.300	180.000	-	88.800
Strom und Wasser	3.200	1.400	7.000	56.200	87.000	2.600	13.500
Hilfslohn/GK-Lohn	36.000	-	11.300	110.000	180.000	-	132.700
Gehälter	32.000	84.170	13.650	226.350	311.400	230.000	303.230
Soziale Abgaben	34.000	58.930	17.450	158.450	218.000	115.000	233.570
Reisekosten	-	-	1.600	-	8.100	10.000	2.700
Sonstige Kosten	400	37.300	44.200	140.700	53.300	31.600	169.700
Kalkulatorische Abschr.	40.000	2.800	11.200	120.000	40.000	5.600	40.400
Kalkulatorische Zinsen	6.200	1.400	64.600	36.000	16.000	2.400	15.400

Innerbetriebliche Leistungsverrechnung:

Umlage Fuhrpark	km	-	10.000	30.000	20.000	8.000	282.000	50.000
Umlage Arbeitsv.	Stunden	-	-	-	5.320	2.280	-	-

Zuschlagsgrundlagen

Die Fertigungslöhne werden wie folgt zugerechnet: FI 272.000, FII 577.000 Zuschlagsgrundlage Vertrieb, Verwaltung: Herstellkosten der Produktion (HKP)

Kostenkontrolle

Normalzuschlagsätze (Reihenfolge Hauptkostenstellen wie vor): 11%, 390%, 202%, 9%, 18%

In der Kostenträgerstückrechnung stehen für die Vor- und Nachkalkulation der Produkte folgende Daten zur Verfügung:

	Staubsauger	Kaffeemaschine	Küchenmaschine
Fertigungsmaterial/MEK	50,00	20,00	10,00
Fertigungslohn/FEK/Fert I je Stück	10,00	3,00	1,00
Fertigungslohn/FEK/Fert II je Stück	18,00	5,50	3,00
Sondereinzelkosten der Fertigung	1,00	0,50	-
Sondereinzelkosten des Vertriebs	12,00	4,80	2,50

Zur Durchführung der Betriebsergebnisrechnung bzw. Kurzfristigen Erfolgsrechnung nach dem Gesamt- und dem Umsatzkostenverfahren sind folgende Angaben zu verwenden:

	Staubsauger	Kaffeemaschine	Küchenmaschine
(Netto-) Verkaufserlös je Stück	233,00 €	81,00 €	37,00 €
Absatz (in Stück)	9.272	34.300	70.625

Teilkostenrechnung

Für die Abrechnungsperiode liegt folgende Kostenartenrechnung vor:

Kostenart	fix	variabel	gesamt
Fertigungsmittel	-	1.880.000,00	1.880.000,00
Hilf- und Betriebsstoffe	171.300,00	210.000,00	381.300,00
Strom und Wasser	30.900,00	140.000,00	170.900,00
Fertigungslohn	-	849.000,00	849.000,00
Hilfslohn/GK-Lohn	470.000,00	-	470.000,00
Gehälter	1.200.800,00	-	1.200.800,00
Soziale Abgaben	538.200,00	297.200,00	835.400,00
Reisekosten	22.400,00	-	22.400,00
Sonstige Kosten	235.000,00	242.200,00	477.200,00
Sondereinzelkosten Fert.	-	27.000,00	27.000,00
Sondereinzelkosten Vert.	-	452.466,50	452.466,50
Kalkulatorische Abschr.	260.000,00	-	260.000,00
Gesamt	2.928.600,00	4.097.866,50	7.026.466,50

In der Kostenstellenrechnung ist ein Betriebsabrechnungsbogen (Teilkosten BAB) zu erstellen. Die variablen Gemeinkosten verteilen sich auf die Kostenstellen wie folgt:

Kostenart	Fuhrp.	Arb.vor	Mat.	Fert I	Fert II
Hilf- und Betriebsstoffe	-	-	4.500	81.800	123.700
Strom und Wasser	2.500	200	6.300	49.000	82.000
Hilfslohn/GK-Lohn	-	-	-	-	-
Gehälter	-	-	-	-	-
Soziale Abgaben	-	-	-	95.200	202.000
Sonstige Kosten	1.000	35.100	35.800	130.500	42.800
Umlage Fuhrpark	-	400	400	2.000	1.000
Umlage Arbeitsvorbereitung	-	-	-	22.300	10.100

Zuschlagsgrundlagen

Fertigungsmaterial 1.880.000, FI Fertigungslohn 272.000, FII Fertigungslohn 577.000.

In der Kostenträgerstückrechnung ist eine Nachkalkulation je Stück der drei Produktarten mit den Ist-Zuschlagssätzen durchzuführen.

Die Betriebsergebnisrechnung bzw. Kurzfristige Erfolgsrechnung ist nach dem Umsatzkostenverfahren auf Teilkostenbasis durchzuführen.

Die erforderlichen Daten für die Kostenträgerstück- und die Betriebsergebnisrechnung sind der Vollkostenrechnung zu entnehmen.

Fallstudie 2: Internet Broker

              Prozess-, Ziel-, Lebenszykluskostenrechnung

Der Internet Broker wickelt Kauf- und Verkaufsaufträge für Wertpapiere und Währun-
gen ab. Käufe werden in das Internet-Broker-Depot ein-, Verkäufe ausgebucht. Die
anfallenden Kosten sind überwiegend fixe Kosten für die Entwicklung wie Software-
herstellung, für IT wie Aufbau und Betrieb einer IT-Infrastruktur, für Werbung. Zum
Internet-Broker-Depot gehören Prozesse „Depot eröffnen", „Aktienorder ausführen",
„Optionsscheinorder ausführen", „Service/Beratung Internet leisten", „Verschlüsselungstechnik anbieten", „Sonstige Dienste leisten". Die Erlöse werden nach der Investition bzw. im Folgejahr erzielt. Für seine Leistung erhält der Broker eine Vergü-
tung (brokerage). Die Leistungsinanspruchnahme des Kunden hinsichtlich Art, Umfang und zeitlicher Anfall ist nicht vorhersehbar. Daher ist eine Produktkalkulation mit
der Frage „Was wird die Internet Leistung kosten?" nicht möglich, statt dessen stellt
sich die Frage „Was darf die Leistung kosten?".

Folgende Informationen stehen zur Verfügung (Seidenschwarz, W., Knust, P., Target
Costing im E-Business, in: Controlling, Heft 8/9, 2000, 425 ff.): Eine Marktanalyse hat
ergeben, dass ein Kunde bereit ist, eine jährliche Depotgebühr in Höhe von 60 € zu
entrichten, für jede Transaktion 20 € zu zahlen und 12 Transaktionen innerhalb eines
Jahres nachfragt. Als Betrachtungszeitraum werden, an der durchschnittlichen Beeinflussbarkeit der Fixkosten orientiert, 4 Jahre zugrunde gelegt. Der Kalkulationszinssatz wird mit 8 % angesetzt. Als Umsatzrendite werden 10 % veranschlagt. Eine
Befragung potentieller Kunden über die Funktionen des Internet-Broker-Depots und
ihrer Gewichtung hat zu folgendem Ergebnis geführt: Geschwindigkeit 20 %, Er-
reichbarkeit 30 %, Serviceangebot/-qualität 20 %, Betreuungsqualität 15 %, Techno-
logie 5 %, Sicherheit 10 % (Funktionen F1-F6).

Das Ausmaß der Prozesse Depot eröffnen, Aktienorder ausführen, Optionsscheinorder ausführen, Service/Beratung Internet leisten, Verschlüsselungstechnik anbieten, Sonstige Dienste leisten (=Prozesse P1- P6) zur Funktionserfüllung ist der folgenden Tabelle zu entnehmen:

	F1	F2	F3	F4	F5	F6
P1	10%	5%	5%	10%	-	10%
P2	10%	20%	5%	5%	5%	10%
P3	10%	10%	5%	5%	5%	10%
P4	10%	15%	25%	25%	25%	5%
P5	5%	-	-	-	20%	55%
P6	55%	50%	60%	55%	45%	10%

Die Kalkulation der Drifting Costs (in %) für die Prozesse P1 - P6 hat ergeben:

relative DC 7,4%, 9,2%, 22,6%, 4,2%, 47,4%;

absolute DC diskontiert (t_q) 80; 100; 100; 245; 45; 515

Was dürfen die einzelnen Prozesse des Internet Brokers kosten?

13   Antworten und Lösungen

13.1 Antworten

1   Das Verursachungsprinzip wird als das Fundamentalprinzip der Kostenrechnung bezeichnet. Es stellt in seiner allgemeinen Form die Anweisung dar, bei jeglichen Kostenzurechnungen ursächliche Beziehungen zwischen Kosten und den sie verursachenden Größen, z. B. Kostenträgern, zu berücksichtigen. Es besagt, dass die Kosten nur jenen Kostenstellen und vor allem Kostenträgern zugerechnet werden dürfen, die diese Kosten kausal verursacht haben, man kann es aber auch für Kostenarten als gültig betrachten: Dort besagt es, dass als Kosten nur jener bewertete Güterverzehr verrechnet werden darf, der durch die typische betriebliche Leistungserstellung verursacht worden ist. Das Proportionalitätsprinzip besagt, dass Gemeinkosten mit Hilfe einer Bezugsgröße den Ausbringungseinheiten gegenüber zu stellen sind. Die Bezugsgröße soll proportionale Beziehungen zu den betrachteten Gemeinkosten aufweisen und gleichzeitig in einer Proportionalitätsbeziehung zu den Ausbringungsmengen der jeweiligen Produktart stehen. Die Geltung des Proportionalitätsprinzips wird allgemein aus dem Verursachungsprinzip abgeleitet und kann als mathematische Darstellungsform des Verursachungsprinzips bezeichnet werden. Kostenzurechnungen auf Ausbringungseinheiten sind verursachungsgerecht, wenn das Proportionalitätsprinzip auf Kostenbestandteile angewendet wird, die in ursächlicher Beziehung zu Ausbringungseinheiten stehen. In diesem Fall werden die ursächlichen Zusammenhänge mathematisch durch lineare oder stückweise lineare Funktionen dargestellt bzw. angenähert.

2   Hauptaufgaben des Kostenrechners sind die Verteilung des Wertverzehrs abnutzbarer Anlagegüter (Betriebsmittelverzehrs) auf die Nutzungsperioden zwecks Finanzierung der Ersatzinvestition und Substanzerhaltung des Unternehmens.

3   Zunächst werden sämtliche primären echten und unechten Gemeinkosten der Periode auf die Hilfs- und Hauptkostenstellen verteilt, dann die sekundären Gemeinkosten mit Hilfe der Methoden der innerbetrieblichen Leistungsverrechnung

umgelegt, schließlich in den Hauptkostenstellen die Zuschlags- bzw. Kalkulationssätze gebildet, Die Einzelkosten werden abrechnungstechnisch um den Betriebsabrechnungsbogen herumgeführt; sie werden lediglich als Zuschlagsgrundlage benötigt.

4   Das Anbauverfahren lässt Leistungsverflechtungen zwischen Kostenstellen der gleichen Kategorie unberücksichtigt (einseitige, einstufige Leistungsverflechtungen), das Stufenleiterverfahren bringt die Hilfskostenstellen in eine Reihenfolge und verrechnet die Kosten einer Hilfskostenstelle sowohl auf die noch nicht abgerechneten Hilfskostenstellen und auf Hauptkostenstellen (einseitige, mehrstufige Leistungsverflechtungen). Das Gleichungsverfahren ermittelt die exakten Verrechnungssätze bei gegenseitigem Leistungsaustausch (wechselsaitige Leistungsverflechtungen).

5   Grenzkosten (ΔK, K') sind der Gesamtkostenzuwachs, der durch die Produktion der jeweils letzten Ausbringungseinheit verursacht wird. Sie sind auf eine Einheit bezogen und entsprechen der Zunahme (Abnahme) der Gesamtkosten bei Erhöhung (Verringerung) der Ausbringung um diese Einheit. Mathematisch gesehen stellen sie das Steigungsmaß der Gesamtkostenkurve dar und werden durch Differentiation dieser Funktion errechnet

$$\Delta K = \frac{dK}{dx}$$

Die Grenzkosten und die variablen Stückkosten sind identisch, wenn ein linearer Kostenverlauf unterstellt wird.

6   Die beiden Rechnungen unterscheiden sich hinsichtlich der verrechneten Kostenarten, Bezugsobjekte und Zielsetzungen. Bei der mehrstufigen Fixkostendeckungsrechnung werden die Fixkosten, bei der mehrstufigen Kundendeckungsbeitragsrechnung die variablen Kosten bzw. Einzelkosten in verschiedene Stufen/Schichten aufgeteilt. Die mehrstufige Fixkostendeckungsrechnung gibt einen differenzierten Einblick in den Erfolgsbeitrag der Produkte, Produktgruppen, Kostenstellen bzw. inwieweit Produkte usw. zur Fixkostendeckung beitragen; die

mehrstufige Kundendeckungsbeitragsrechnung gibt einen differenzierten Einblick in die Profitabilität einzelner Kunden bzw. Kundengruppen.

7 In der flexiblen Plankostenrechnung werden die Istkosten mit den Sollkosten verglichen, die aufgrund ihres Vorgabecharakters als Maßstab der Wirtschaftlichkeit geeignet sind.

8 Budgetierung soll in erster Linie sicherstellen, dass die Kosten nicht die Erlöse übersteigen; Budgetierung ist ein Instrument, um das finanzielle Gleichgewicht aufrechtzuerhalten. Plankostenrechnung dient der Kostenkontrolle, der Beseitigung innerbetrieblicher Unwirtschaftlichkeiten.

9 Da in der Grenzplankostenrechnung nur die variablen Kosten einbezogen werden, muss die Beschäftigungsabweichung, die nur fixe Kosten enthält, überhaupt nicht ermittelt werden. Sie ist per definitionem gleich Null, da $K_{sv} = K_{pverv}$.

10 Beim Gesamtkostenverfahren werden den Erlösen bzw. Leistungen der Periode die gesamten Kosten der Periode gegenüber gestellt. Auf dem Betriebsergebniskonto erscheinen die gesamten Kosten nach Kostenarten differenziert, weshalb das Gesamtkostenverfahren auch als kostenartenorientierte Betriebsergebnisrechnung bezeichnet wird. Beim Umsatzkostenverfahren werden den Erlösen die Kosten der abgesetzten Einheiten gegenüber gestellt. Die Kosten der abgesetzten Einheiten sind nach Produktarten bzw. Kostenträgern unterteilt, weshalb das Umsatzkostenverfahren auch als kostenträgerorientierte Betriebsergebnisrechnung bezeichnet wird.

11 Break-even-Menge kann man rechnerisch bestimmen, indem man die Erfolgsgleichung G = E - K gleich Null setzt und nach x auflöst:

$$G = E - K$$
$$0 = p \bullet x - k_v \bullet x - K_f$$
$$0 = x(p - k_v) - K_f$$
$$x_{BEP} = \frac{K_f}{p - k_v}$$

12 Die Prozesskostenrechnung will durch das Analysieren und Bewerten der in den Gemeinkostenbereichen ablaufenden Teil- und Hauptprozesse und der jeweiligen Kosteneinflussfaktoren die Gemeinkostenplanung verbessern und Gemeinkostentransparenz schaffen, Rationalisierungs- und Optimierungspotenziale aufzeigen sowie durch eine weitgehende Vermeidung von Gemeinkostenumlagen eine verursachungsgerechte Kalkulation schaffen (Allokations-, Komplexitäts-, Degressionseffekt). Wegen der umfassenden Arbeiten für die Einführung kann die Prozesskostenrechnung fallweise durchgeführt werden. Eine kontinuierliche Prozesskostenrechnung, für die die Anschaffung eines umfangreichen Softwarepakets erforderlich ist, kann in paralleler oder operativer Form erfolgen. Die parallele Prozesskostenrechnung, bei der das bestehende Kostenrechnungssystem parallel erhalten bleibt, ermöglicht die einfache und schnelle Einführung der Prozesskostenrechnung für Teilbereiche bzw. –prozesse, liefert bereits Aussagen für strategische Entscheidungen und ist die ideale Grundlage für eine spätere operative Rechnung. Bei der operativen Prozesskostenrechnung wird die Prozesskostenkalkulation voll in den operativen Wertefluss einbezogen (z. B. CO-Modul im SAP-R/3). Der entscheidende Unterschied zur herkömmlichen Kostenverrechnung über Zuschlagssätze besteht darin, dass Prozessmengen und Prozesskostensätze ermittelt und die Kosten über Prozesskostensätze verursachungsgerecht verrechnet werden und nicht lediglich eine Kostenverrechnung stattfindet.

13 Der Ansatz in der Zielkostenrechnung soll gewährleisten, dass sich das Management an Kosten (Zielkosten) orientiert, die den Erfolg am Markt unter den gegebenen Wettbewerbsbedingungen ermöglichen. Die Zielkosten werden aus dem voraussichtlichen Markt- bzw. Zielpreis für ein Produkt mit ganz bestimmten Eigenschaften bzw. Funktionen abgeleitet. Die Bestimmung der vom Kunden geforderten Produktfunktionen und deren Gewichtung aus Kundensicht erfolgt durch direkte Kundenbefragung mit Hilfe von Rating Skalen beim bekannten Kundenkreis bzw. durch Conjoint-Analysen, einem Instrument der Marktforschung zur Messung der Nutzenbeiträge wichtiger Produktmerkmale neuer und bestehender Produkte auf anonymen Märkten. Die Zielkostenrechnung ist somit ein umfassender Prozess zur markt- und kundenorientierten Kostenplanung, -steuerung und -kontrolle.

14 Zu nennen sind technologieorientierte Instrumente wie Cost Tables und die Gemeinkostenwertanalyse sowie rationalisierungsfördernde Instrumente wie Kaizen,
   Kanban und Reengineering. Ergänzt werden diese Instrumente durch den Einsatz
   einer Prozesskostenrechnung oder die Anwendung des Cost Benchmarking. Zur
   kontinuierlichen Kalkulation der aktuellen Standardkosten im Rahmen der Produktneuentwicklung sollte ein stetiges Kostenforechecking Anwendung finden.
   Typische Instrumente hierzu sind die Verfahren der konstuktionsbegleitenden
   Kalkulation, Cost Tables und die Prozesskostenrechnung. In der Produktionspha-
   se werden die Allowable Costs als Plankosten vorgegeben, deren Einhaltung im
   Soll-Ist-Vergleich zu kontrollieren ist. Grundsätzlich wird solange "geknetet", bis
   die Kostenlücke (target cost gap) geschlossen ist. Im laufenden Produktionsprozess wird im Rahmen ständiger Kostensenkungsbemühungen (continuous cost
   reduction) versucht, die Zielkosten zu unterschreiten.

15 Lebenszykluskosten setzen sich aus sämtlichen Kosten zusammen, die ein Produkt bzw. System über seinen gesamten Lebenszyklus verursacht. Dies sind
   Kosten für die Initiierung, Planung, Realisierung, den Betrieb und die Stilllegung
   eines Produkts. Lebenszykluskosten lassen sich unterscheiden in Anfangs- und
   Folgekosten bzw. Vorlauf-, Produktions- und Folgekosten. Notwendige Informationen für die Durchführung: Ein- und Auszahlungen über den Lebenszyklus, Zeitpunkt der Ein- und Auszahlungen, Höhe der Ein- und Auszahlungen, Lebenszyklusdauer, relevanter Zinssatz, mit dem die Zahlungen zu diskontieren sind, mögliche Kosteneinsparungen, z. B. durch Subventionen, zur Verfügung stehende Alternativen, Informationen über nicht-monetäre Konsequenzen.

13.2 Lösungen zu den Aufgaben

1 Die kalkulatorischen Abschreibungen betragen:

a)

Jahr	Abschreibungs-Prozentsatz	Abschreibungs-Summe	Abschreibungs-betrag
2002	20 %	100.000	20.000
2003	20 %	100.000	20.000
2004	20 %	105.000	21.000
2005	20 %	110.000	22.000
2006	20 %	105.000	21.000

b)

2002 bis 2005 wie vor			
2006	33 ⅓ %	45.000	15.000
2007	33 ⅓ %	45.000	15.000
2008	33 ⅓ %	45.000	15.000

c)

2002 bis 2004 wie vor	
2005	-,-
2006	-,-

2 Betriebsabrechnungsbogen (BAB)

a)

Ziele

- verursachensgerechte Verteilung der Gemeinkosten auf die Kostenstellen,

- Umlage der Gemeinkosten der Hilfs- auf die Hauptkostenstellen (ibL),

- Bildung von Kalkulationssätzen,

- Kostenkontrolle.

Aufbau

- zeilenweise (senkrecht) sind die Gemeinkosten und

- spaltenweise (waagerecht) die Kostenstellen aufgeführt.

Methodische Vorgehensweise

- zunächst werden die Gemeinkosten aus der Kostenartenrechnung (z. B. Kl.
  4 GKR) in die linke Spalte des BAB übernommen,
- von dort auf die einzelnen Hilfs- und Hauptkostenstellen verteilt,
- dann erfolgt die innerbetriebliche Leistungsverrechnung,
- nach Abschluss der Umlage kennt man die Gemeinkosten für jede Hauptkostenstelle,
- schließlich werden die Kalkulationssätze gebildet;
- dann rechnen die Hauptkostenstellen ihre Gemeinkosten auf die Kostenträger ab,
- letztlich erfolgt der Normal-Istkosten-Vergleich.

b)

Die Einzelkosten werden abrechnungstechnisch um den BAB herumgeführt. Im Allgemeinen werden sie in den BAB aufgenommen, weil sie als Bezugsbasis benötigt werden und man dann bequem auf sie zurückgreifen kann.

3

$$50.000 \, q_1 = 1.250 + 100 \, q_2$$
$$2.000 \, q_1 = 10.000 + 5.000 \, q_1$$

$$-100 \, q_2 = 1.250 - 50.000 \, q_1$$
$$2.000 \, q_2 = 10.000 + 5.000 \, q_1$$

$$-2.000 \, q_2 = 25.000 - 1.000.000 \, q_1$$
$$2.000 \, q_2 = 10.000 + 5.000 \, q_1$$
$$995.000 \, q_1 = 35.000$$

$$q_1 = 35.000 : 995.000$$
$$q_1 = 0,035 \ (\text{€/kWh})$$

$$2.000 \, q_2 = 10.000 + 5.000 \, q_1$$
$$2.000 \, q_2 = 10.000 + 175$$

$$q_2 = 10.175 : 2.000$$
$$q_2 = 5,09 \ (\text{€/h})$$

4

MEK	7.500,00	
+ MGK 70%	5.250,00	
= MK		12.750,00
+ FEK 58 x 20	1.160,00	
+ FGK 220 %	2.552,00	
+ SEKF	500,00	
= FK		4.212,00
= HK		16.962,00
+ VwGK 15 %		2.544,30
+ VtGK 10 %		1.696,20
+ SEKVt		150,00
= SK		21.352,50

5

MEK	1.060,00	
+ MGK 4 %	42,40	
= MK		1.102,40
= FEK	950,00	
+ FGK 70 %	665,00	
= FK		1.615,00
= HK		2.717,40
+ VwGK		326,09
+ VtGK		163,04
= SK		3.206,53
+ Gew 16 ⅔ %		534,42
= BaVP		3.740,95
+ KR 10 %		415,66
= NVP		4.156,61

$$MGK = \frac{28.400 \times 100}{710.000} = 4$$

$$FGK = \frac{476.000 \times 100}{680.000} = 70$$

$$VwGK = \frac{227.328 \times 100}{1.894.400} = 12$$

$$VtGK = \frac{113.664 \times 100}{1.894.400} = 6$$

6 a)

Vollkostenrechnung (VKR)

$$k = k_f + k_v$$
$$= \frac{500.000}{1.200} + 300$$
$$= 416,67 + 300$$
$$= 716,67$$

p	600,00
v (Stückverlust)	116,67 → der Auftrag ist abzulehnen.

Teilkostenrechnung (TKR)

p	600,00
- k_v	300,00
= db	300,00 → der Auftrag ist anzunehmen

b)

$BE_{verä} = 300 \times 60 = 18.000$

c)

	ohne Zusatzauftrag	mit Zusatzauftrag
E	990.000	1.026.000
- K_v	360.000	378.000
= DB	630.000	648.000
- K_f	500.000	500.000
= BE	130.000	148.000

7 a)

	P1	P2	P3
E	26.000	13.000	21.000
- K_v	16.200	8.400	12.400
= DB	9.800	4.600	8.600
db	1,51	3,54	1,23
$DB_{Grad} = \dfrac{DB}{E}$	0,38	0,35	0,41

b)

	P1	P2	P3
$p_{PUGK} = k_v$	2,49	6,46	1,77

c)

	P1	P2	P3	Σ
DB	9.800	4.600	8.600	23.000
- K_f				15.000
= BE				8.000

8

	B1	B2	B3	B4	B5	Σ
Kapazitätsver-brauch x · t	24.000	27.000	44.000	25.000	30.000	150.000
Kapazität frei						30.000
db/DLZ	1	1	1,5	2	1,33	Förd.reihenfolge B4, B3, B5,B2/B1
Zusatzproduktion			8.000	10.000	1.333	
Zusatzkapazitäts-verbrauch in Min.			16.000	10.000	4.000	30.000
Optimales Produkti-onsprogramm in Stück	12.000	9.000	30.000	35.000	11.333	

9   Der Fremdbezug kostet 16,- €/St., während die zusätzlichen Kosten bei Eigenfer-
tigung 8,- €/St. betragen. Fremdbezug würde zu zusätzlichen Kosten von insgesamt (16,- − 8,-) x 300 = 2.400 € führen. Bei nicht ausgelasteten Kapazitäten bilden die Grenzselbstkosten die kurzfristige Preisobergrenze für fremdbezogene
Erzeugnisse. Anders sieht die Situation aus, wenn über eine Ersatzinvestition
entschieden werden muss. Dann sind die fixen Kosten entscheidungsrelevant.

10 a)

	U1	U2	Σ
E	450.000	480.000	
- K_v	210.000	224.000	
= DB I	240.000	256.000	
- $K_{produktf}$	50.000	80.000	
= DB II	190.000	176.000	366.000
- $K_{unternehmensf}$			210.000
= BE			156.000

b)

p	40
- k_v	35
= db	5	→ der Zusatzauftrag ist anzunehmen.

11   ΔG = $K_i - K_{pver}$

$$= 5.497 - \left(\frac{5.780}{4.000} \times 3.400\right)$$

$$= 5.497 - (1,45 \times 3.400)$$

$$= 5.497 - 4.930$$

$$= 567$$

ΔV = $K_i - K_a$

$$= 5.497 - \left(3.300 + \frac{2.480}{4.000} \times 3.400\right)$$

$$= 5.497 - 5.408$$

$$= 89$$

ΔB = $K_a - K_{pver}$

$$= 5.408 - 4.930$$

$$= 478$$

12 a)

	PKV/VKR starr	PKV/VKR starr		GPKR	
$K_{pver} = K_p/x_p$	$8.000/1.000 =$ 8	$8.000/1.000$ $=$ 8	K_{pv}/x_p	$5.000/1.000$ $=$ 5	
$K_{pver} = k_{pver} \cdot x_i$	$8 \cdot 600$ $= 4.800$	$8 \cdot 600$ $= 4.800$	K_{pverv}	$5 \cdot 600$ $= 3.000$	
K_s	nicht berechenbar	$3.000 + 5.000/1.000 \cdot 600 = 6.000$	$K_{pv}/x_p \cdot x_i$	$5.000/1.000 \cdot 600 = 3.000$	

b)

	PKV/VKR starr	PKV/VKR starr		GPKR	
$\Delta G = K_i - K_{pver}$	$7.500 - 4.800 = 2.700$	$7.500 - 4.800$ $= 2.700$	K_{iv}/K_{pverv}	$4.500 - 3.000$ $= 1.500$	
$\Delta V = K_i - K_s$	nicht berechenbar	$7.500 - 6.000$ $= 1.500$	$K_{iv} - K_{sv}$	$4.500 - 3.000$ $= 1.500$	
$\Delta B = K_s - k_{pver}$	nicht berechenbar	$6.000 - 4.800$ $= 1.200$	K_{sv}/K_{pverv}	$3.000 - 3.000$ $=$ 0	

13 ΔG $= K_i - K_{pver}$
              $= 190.000 - 132.000$ $= 58.000$

    ΔP $= x_i (p_i - p_p)$
              $=$ $11.000 (3,40 - 2,20)$ $= 13.200$

    $\Delta V/\Delta P$ $= K_i - K_s$
              $= 190.000 - 144.000$ $= 46.000$

    ΔV $=$ $46.000 - 13.200$ $= 32.800$

    ΔV $= K_i - K_{s2} - \Delta P$
              $= 190.000 - 144.000 - 13.200$ $= 32.800$

    ΔB $= K_s - K_{pver}$
              $= 144.000 - 132.000$ $= 12.000$

14 a)   b)

    $K_{sv}(x_i)$ $= 75 \cdot x_i$ ΔV $= K_{iv} - K_{sv}$
                                                          $= 47.500 - 37.500$
                                                          $= 10.000$

15

K_{pverv} $= \dfrac{K_{pv} \cdot x_i}{x_p}$ K_{sv} $= \dfrac{K_{pv} \cdot xi}{x_p}$

         $= \dfrac{2.400}{1.200} \cdot 850$ $= \dfrac{2.400}{1.200} \cdot 850$

         $= 1.700$ $= 1.700$

    ΔV nicht berechenbar, da K_i nicht bekannt

    ΔB muss nicht ermittelt werden, da in der GPKR keine fixen Kosten ver-
              rechnet werden bzw. die variablen Sollkosten und variablen verrechne-
              ten Plankosten identisch sind

16 Gesamtkostenverfahren (GKV)   Umsatzkostenverfahren (UKV)

Erlös	120.000		Erlös	120.000
- HKP	71.000		- SKA	105.000
- Vt/VwGKA	30.000		= BE	15.000
- Bestandsminderung	4.000			
= BE	15.000			

17 GKV   UKV

Erlös	1.475.000		Erlös	1.475.000
+ Bestandsmehrung	525.000		- SKA	1.275.000
= Betriebsleistung	2.000.000		= BE	200.000
- HKP	1.400.000			
- Vt/VwGKA	400.000			
= BE	200.000			

18 GKV   UKV

Erlös	160.000		Erlös	160.000
+ Bestandsmehrung	32.000		- SKA	128.000
= Betriebsleistung	192.000		= BE	32.000
- KP	160.000			
= BE	32.000			

19 a)   b)

$$x_{BEP} = \frac{K_f}{db}$$

$$x_{BEP} = \frac{28.0000 + 70.000}{6,80} = 51.470,59$$
$$(\approx 51.471)$$

$$= \frac{280.000}{6,80}$$

$$= 41.176,47 \; (\approx 41.177)$$

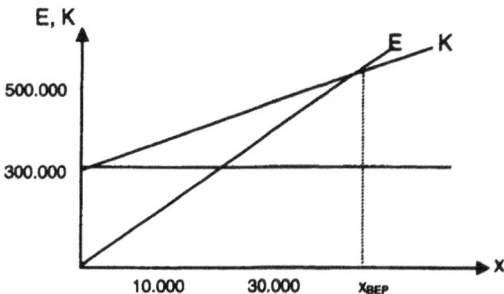

20 a)

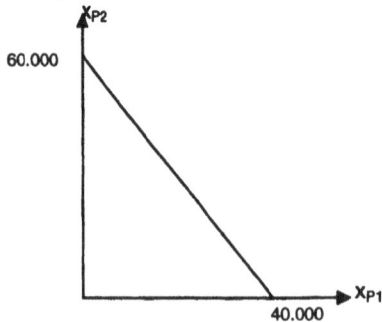

b)

$$x_{BEP\ P1,P2} = \alpha \cdot x_{BEP\ P1} + (1 - \alpha) \cdot x_{BEP\ P2}$$
$$= 0,2 \cdot 40.000\ P1 + 0,8 \cdot 60.000\ P2$$
$$= 8.000\ P1 + 48.000\ P2$$

21 a)

Gesamtprozesskosten

$$\text{Umlage lmn} = \frac{\text{Prozesskosten lmn}}{\text{Gesamtprozesskosten lmi}} \cdot \text{Teilprozesskosten lmi}$$

$$\text{Umlage TP AP} = \frac{85.000}{935.000} \cdot 212.500 \qquad = 19.318$$

$$\text{TP MP} = \frac{85.000}{935.000} \cdot 425.000 \qquad = 38.636$$

$$\text{TP EP} = \frac{85.000}{935.000} \cdot 297.500 \qquad = 27.046$$

Gesamtteilprozesskosten = Prozesskosten lmi + Umlage lmn

Gesamtprozesskosten AP = 212.500 + 19.318 = 231.818

$$\text{Umlageprozentsatz lmn} = \frac{\text{Prozesskosten lmn}}{\text{Prozesskosten lmi}} \cdot 100 = \frac{85.000}{935.000} \cdot 100 = 9,09\ \%$$

b)

Prozesskostensätze

$$\text{PKS} = \frac{\text{Teilprozesskosten lmi} + \text{lmn (Gesamtteilprozesskosten)}}{\text{Prozessmenge}}$$

$$\text{TPKS AP} = \frac{231.818}{170.000} = 1,36 \text{ je Prüf.}$$

$$\text{TPKS MP} = \frac{463.636}{50.000} = 9,27 \text{ je Prüf}$$

$$\text{TPKS EP} = \frac{324.546}{59.500} = 5,45 \text{ je Prüf}$$

oder

TPKS Imi+Imn   = TPKS Imi + UKS Imn

somit ergibt sich

HPKS „Prüfung vornehmen" = 1,36 + 9,27 + 5,45 = 16,08

Prozesse	Prozesstyp	Prozesskosten Imi	Umlage Imn	Gesamtpro- zesskosten	Prozesskosten- satz (TP, HP)
Abmessungs- prüfung	Imi	212.500	19.318	231.818	1,36
Mechanische Prüfung	Imi	425.000	38.636	463.636	9,27
Elektrische Prüfung	Imi	297.500	27.046	324.546	5,45
Abteilung leiten	Imn	---	---	---	---
Gesamt		935.000	85.000	1.020.000	16,08

22 a)

Kosten HP „Auslandsauftrag abwickeln":

TP	Technische Machbarkeit prüfen	900 € x 1	900 €
+ TP	Planungsunterlagen erstellen	2.500 € x 1	2.500 €
+ TP	Sondermaterial beschaffen	700 € x 3	2.100 €
+ TP	Zoll- und Meldeform erledigen	800 € x 1	800 €
+ TP	TP Auslieferung steuern	500 € x 1	500 €
= HP	Auslandsauftrag abwickeln		6.800 €

b)

Der Allokationseffekt wird deutlich, wenn sich die Kalkulation auf Aufträge bezieht, die sich in der Art unterscheiden. Er kommt im Vergleich von Inlandsauftrag A und Auslandsauftrag Y zum Ausdruck:

	Zuschlagskalkulation		Prozesskostenkalkulation	
	Inland A 250 St	Ausland Y 250 St	Inland A 250 St	Ausland Y 250 St
Materialkosten	2.500	2.500	2.500	2.500
+ Fertigungslohn	1.000	1.000	1.000	1.000
= Einzelkosten	3.500	3.500	3.500	3.500
+ Gemeinkosten 300 %	10.500	10.500	---	---
+ Gemeinkosten 120 %	---	---	4.200	4.200
+ Prozesskosten	---	---	2.500	6.800
= Selbstkosten gesamt	14.000	14.000	10.200	14.500
= Selbstkosten/Stück	56	56	40,80	58

Selbstkostendifferenz (Allokationseffekt) – 15,20 (Inland A) bzw.+ 2,00 (Ausl. Y)

c)

Der Degressionseffekt wird deutlich, wenn sich die Kalkulation auf Aufträge bezieht, die sich in der Auftragsmenge unterscheiden. Er kommt im Vergleich der drei Auslandsaufträge mit verschiedenen Mengen zum Ausdruck.

	Zuschlagskalkulation	Prozesskostenkalkulation		
	Ausland 1 Stück	Ausland X 20 Stück	Ausland Y 250 Stück	Ausland Z 500 Stück
Materialkosten	10	200	2.500	5.000
+ Fertigungslohn	4	80	1.000	2.000
= Einzelkosten	14	280	3.500	7.000
+ Gemeinkosten 300 %	42	---	---	---
+ Gemeinkosten 120 %	---	336	4.200	8.400
+ Prozesskosten	---	6.800	6.800	6.800
= Selbstkosten gesamt	56	7.416	14.500	22.200
= Selbstkosten/Stück	56	370,80	58,00	44,40

Selbstkostendifferenz (Degressionseffekt) +314,80, +2,00, -11,60. Die Zuschlagskalkulation ist von der Auftragsmenge unabhängig. Die Prozesskostenkalkulation zeigt, dass die Stückselbstkosten mit steigender Auftragsmenge zurückgehen. Aus den Ergebnissen ist z.B. zu folgern, dass die entsprechenden Auslandsaufträge zu einem festen Listenpreis nur ab einer Mindestmenge oder mit einer mengenabhängigen Preisstaffel anzubieten sind.

23

	Zuschlags-kalkulation	Prozesskostenkalkulation		
		Produkt A	Produkt A	Produkt B
Menge	5	5	30	5
Fertigungsmaterial	1.250,00	1.250,00	7.500,00	1.250,00
Materialgemeinkosten	250,00	---	---	---
Fertigungslohn	200,00	200,00	1.200,00	200,00
Fertigungsgemeinkosten	840,00	400,00	2.400,00	400,00
Vorfert.auftrag abwickeln	---	746,00	746,00	---
Montageauftrag abwickeln	---	250,00	250,00	250,00
Herstellkosten	2.540,00	2.846,00	12.096,00	2.100,00
Verwaltungsgemeinkosten	127,00	142,30	604,80	105,00
Vertriebsgemeinkosten	254,00	227,68	967,68	168,00
Selbstkosten gesamt	2.921,00	3.215,98	13.668,48	2.373,00
Selbstkosten je Stück	584,20	643,20	455,62	474,60

a)

Die Zuschlagskalkulation ist mengenunabhängig. Bei kleinerer Auftragsmenge liegen die Stückselbstkosten der Prozesskostenkalkulation über denen der Zuschlagskalkulation.

b)

Die Stückselbstkosten der Prozesskostenkalkulation gehen zurück, weil der Degressionseffekt greift und sich die Prozesskosten auf eine größere Menge verteilen. Im Vergleich zur Zuschlagskalkulation sind sie jetzt deutlich geringer.

c)

Selbstkostendifferenz (Komplexitätseffekt) -168,60. Bei gleicher Auftragsmenge fallen die Kosten des Produkts B gegenüber Produkt A, weil die gesamte Vorfertigung entfällt. Dieser Effekt bei vereinfachter Produktionsstruktur wird allerdings nur wirksam, wenn die Personal- und Sachmittelkapazitäten für die nicht mehr benötigte Vorfertigung abgebaut werden.

24 a)

Kalkulation MGK Varianten A, B, C:

Variante	MEK	MGK 15%	PKS	GK-Diffenrenz Allok.-Effekt
A	30,00	4,50	15,00	+10,50
B	50,00	7,50	15,00	+7,50
C	100,00	15,00	15,00	0,00

b)

Kalkulation SK Variante C:

Stück	HK	VtGK 15%	Stück-kosten	HK	PKS	Stück-kosten	SK-Differenz Degress.-Effekt
1	300	45	345	300	450	750	+405
10	3.000	450	345	3.000	450	345	0
30	9.000	1350	345	9.000	450	315	-35

Das Überschreiten der „kritischen Menge" (im Beispiel bei Auftragsgrößen ab 10 Stück) bildet – gegenüber der Zuschlagskalkulation – zusätzliche Kosten- und Wettbewerbsvorteile gegenüber dem Konkurrenten.

25 a)

Ermittlung des Materialgemeinkostenzuschlagsatzes (Zuschlagskalkulation):

$$MGK \% = \frac{MGK \times 100}{MEK}$$

Die Zuschlagsbasis (MEK) beträgt:

40,0	x	2.000	=	80.000
30,0	x	1.000	=	35.000
25,0	x	400	=	10.000
MEK gesamt			=	125.000

Der Zuschlagssatz (MGK) beträgt:

$$MGK = \frac{114.000 \times 100}{125.000} = 91,2 \%$$

Ermittlung des Prozesskostensatzes (Prozesskostenkalkulation):

$$PKS = \frac{Prozesskosten}{Prozessmenge}$$

Prozessmenge:

2.000 x 1		=	2.000
1.000 x 1		=	1.000
400 x 2		=	800
Prozessmenge gesamt		=	3.800

PKS $= \dfrac{114.000}{3.800} = 30$ (€/Durchlauf)

	MEK	MGK 91,20 %	PKS	GK-Differenz Allok.	Kompl.
A	40,00	36,48	30	- 6,48	
B	35,00	31,92	30	- 1,92	
M	25,00	22,80	60	+ 7,20	+ 30,00

b)

Bei den Modellen A und B werden durch die Zuschlagskalkulation jeweils zuviele Gemeinkosten verrechnet. Das Modell M benötigt doppelt soviel Verpackungska-pazität wie die anderen beiden Modelle. Die Prozesskostenrechnung bildet die unterschiedliche Komplexität des Verpackungsprozesses für die einzelnen Modelle ab. Dies führt zu einem Verrechnungsunterschied von 37,20 (Allokations- und Komplexitätseffekt) im Vergleich zur wertabhängigen Zuschlagskalkulation.

26

	F 1	F 2	F 3	F 4	Nutzenanteile
K 1	10 %	15 %	2 %	4 %	31 %
K 2	---	---	5 %	8 %	13 %
K 3	2 %	---	1 %	---	3 %
K 4	4 %	12 %	---	28 %	44 %
K 5	4 %	3 %	2 %	---	9 %

Die Berechnung der Komponentengewichte kombiniert die Bedeutung der Funktionen mit den Beiträgen der Komponenten zur Funktionserfüllung. Für die Komponente 1 bedeutet dies beispielsweise Folgendes:

Der Beitrag dieser Komponente zur Erfüllung der Funktion 1 beträgt 50 %. Da die Funktion aus Kundensicht ein Gewicht von 20 % besitzt, erhält die Komponente 1 durch ihren Beitrag zu dieser Funktion 50 % von den 20 %, also 10 %.

Zur Erfüllung der Funktion 2 trägt die Komponente 1 ebenfalls zu 50 % bei und erhält damit 50 % von 30 %, also 15 %.

Für die Funktion 3 ergibt sich: 20% von 10% = 2 %.

Für die Funktion 4 ergibt sich: 10% von 40% = 4 %.

Insgesamt bedeutet dies, dass die Komponente 1 eine Bedeutung von 10 % + 15 % + 2 % + 4 % = 31 % besitzt. Dementsprechend darf sie auch 31 % der für das Gesamtprodukt erlaubten Zielkosten verursachen.

27 a)

Komponenten–Funktionen-Matrix

Funktionen Komponenten	Gewicht	Laufruhe/ Komfort	Sicherheit	Design	Zuverläs- sigkeit	Nutzenanteile der Komponenten
Bremssystem	--	--	20 %	--	5 %	25 %
Rahmen	8 %	10 %	5 %	5 %	5 %	33 %
Schaltung	--	--	5 %	5 %	5 %	15 %
Beleuchtung	--	--	5 %	2 %	--	7 %
Sonstiges	2 %	3 %	5 %	5 %	5 %	20 %

b)

Zielkosten

ZHK	375	
+ Vw/VtGK	50	
+ Gew	75	15 % v. ZP
= ZP	500	

Zielkostenmatrix

Komponenten	Nutzenanteile	absolute ZHK/AC
Bremssystem	25 %	93,75
Rahmen	33 %	123,75
Schaltung	15 %	56,25
Beleuchtung	7 %	26,25
Sonstiges	20 %	75,00
Gesamt	100 %	375,00

28 a)

Komponenten-Funktionen-Matrix

	F 1	F 2	F 3	F 4	F 5	Nutzenanteile
K1	20,00 %	---	1,50 %	3,00 %	5,00 %	29,50 %
K2	8,00 %	---	2,25 %	2,25 %	1,50 %	14,00 %
K3	4,00 %	1,40 %	6,75 %	1,50 %	0,50 %	14,15 %
K4	2,00 %	3,60 %	2,25 %	3,75 %	1,20 %	12,80 %
K5	6,00 %	15,00 %	2,25 %	4,50 %	1,80 %	29,55 %

b)

Zielherstellkosten

	ZHK	25.000	
+	Vw/VtK	3.600	
+	Gew	3.900	12 % v. ZP
=	ZP	32.500	

Zielkostenmatrix

	Nutzenanteile in %	Absolute AC/ZHK
K1	29,50	7.375,00
K2	14,00	3.500,00
K3	14,15	3.537,50
K4	12,80	3.200,00
K5	29,55	7.387,50
Gesamt	100,00	25.000,00

c)

Zielkostenindizes

	absolute AC	absolute DC	abs. AC: abs. DC	Kritische Komponenten	Kostensenkungs-bedarf
K1	7.375,00	12.220,00	0,60	-- sehr kritisch	x
K2	3.500,00	3.120,00	1,12	+ kritisch	
K3	3.537,50	4.380,00	0,81	- kritisch	x
K4	3.200,00	3.200,00	1,00	unkritisch	
K5	7.387,50	7.600,00	0,97	tolerabel	

29 a)

Komponenten-Funktionen-Matrix

	F1	F2	F3	F4	F5	Nutzenanteile
K1	18 %	6 %	3 %	---	3 %	30 %
K2	3 %	---	---	6 %	16 %	25 %
K3	6 %	4 %	7 %	3 %	---	20 %
K4	---	10 %	---	---	---	10 %
K5	3 %	---	---	11 %	1 %	15 %

b)

Zielkostenindizes

	rel AC	rel DC	$\dfrac{\text{rel AC}}{\text{rel DC}}$	Kritische Komponenten
K1	30 %	24 %	1,25	+ kritisch
K2	25 %	24 %	1,04	tolerabel
K3	20 %	20 %	1,00	unkritisch
K4	10 %	12 %	0,83	- kritisch
K5	15 %	20 %	0,75	-- sehr kritisch

c)

Zielkosten

	SK	568,75	
+	Gew = r_u	81,25	12,5 % v. ZP
=	ZP	650,00	

Zielkostenmatrix

	rel. AC	abs. AC
K1	30 %	170,63
K2	25 %	142,19
K3	20 %	113,75
K4	10 %	56,87
K5	15 %	85,31
Gesamt		568,75

30 a)

	rel. AC	rel. DC	Indizes
K1	42,5	38,4	1,11
K2	28,5	34,4	0,83
K3	7,5	8,8	0,85
K4	17,5	12,8	1,37
K5	4,0	5,6	0,71

b)

Zielkostenkontrolldiagramm

Zielkostenzone mit q = 0,15:

Zielkosten- bzw. Nutzanteil	obere Kostengrenze	untere Kosten- grenze
x	y1	y2
00,00 %	15,00 %	00,00 %
05,00 %	15,81 %	00,00 %
10,00 %	18,03 %	00,00 %
15,00 %	21,21 %	00,00 %
20,00 %	25,00 %	13,23 %
25,00 %	29,15 %	20,00 %
30,00 %	33,54 %	25,98 %
35,00 %	38,08 %	31,62 %
40,00 %	42,72 %	37,08 %
45,00 %	47,43 %	42,43 %

Zielkostenkontrolldiagramm:

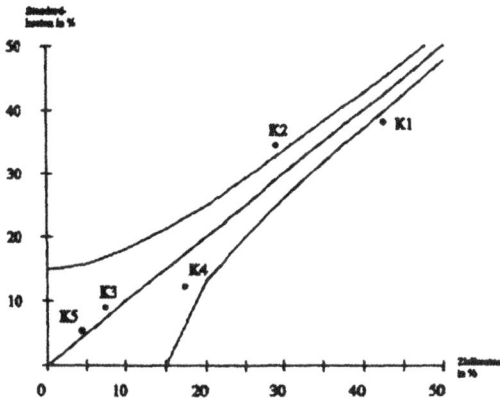

c)

Die Komponente K2 ist zu teuer, da sie oberhalb der Zielkostenzone liegt. Die Komponenten K3 bis K5 liegen in der Zielkostenzone, da aufgrund ihres relativ geringen Bedeutungs- bzw. Kostenanteils die Abweichungen der Zielkostenindizes vom Idealwert unter Berücksichtigung des Toleranzparameters von q=15% kaum ins Gewicht fallen. Die bedeutende Komponente K1 liegt knapp unterhalb des oberen Randes der Zielkostenzone und ist damit relativ „zu billig".

13.3   Lösungen zu den Fallstudien

Fallstudie 1

Vollkostenrechnung

Kostenstellenrechnung

Heimrobo			Betriebsabrechnungsbogen							
Kostenart	Betrag	V.Schl.	Fuhrpark	Arb.vor.	Material	Fert I	Fert II	Vertrieb	Verwaltung
HiBeSt	381.300	Entnahme schein	8.200	-	5.000	99.300	180.000	-	88.800
StrWas	130.000	KW/m3	3.200	1.400	7.000	56.200	87.000	2.600	13.500
HiLohn	470.000	jw. Lohn	36.000	-	11.300	110.000	180.000	-	132.700
Gehälter	1.200.000	jw. Gehalt	32.000	84.170	13.650	226.350	311.400	230.000	303.230
Soz.Abg.	835.400	jw. L.u.G.	34.000	58.930	17.450	158.450	218.000	115.000	233.570
Reisekosten	22.400	km	-	-	1.600	-	8.100	10.000	2.700
Sonst. Ko.	477.200	Beleg	400	37.300	44.200	140.700	53.300	31.600	169.700
Kalk. Abschr.	260.000	Abschr. Betr.	40.000	2.800	11.200	120.000	40.000	5.600	40.400
Kalk. Zinsen	142.000	Zinssatz	6.200	1.400	64.600	36.000	16.000	2.400	15.400
=Sum. GK	3.960.000		160.000	186.000	176.000	947.000	1.093.800	397.200	1.000.000
Umlage Fuh		km		4.000	12.000	8.000	3.200	112.800	20.000
Umlage AV		Stunden			-	133.000	57.000	-	-
=Sum. GK	3.960.000		-	-	188.000	1.088.000	1.154.000	510.000	1.020.000
Zuschl.grundl.					1.880.000	272.000	577.000	5.186.000	5.186.000
Ist-Zuschlag					10,00%	400,00%	200,00%	9,83%	19,67%
Normal-Zuschl.					11,00%	390,00%	202,00%	9,00%	18,00%
Verr., GK	3.833.490				206.800	1.060.800	1.165.540	466.740	933.480
Über-/Unterd.	-126.510				18.800	-27.200	11.540	-43.044	-86.606

Kostenträgerstückrechnung (Kalkulation)

	Staubsauger		Kaffeemaschine		Küchenmaschine	
	Vorkalk.	Nachkalk.	Vorkalk.	Nachkalk.	Vorkalk.	Nachkalk.
MEK	50,00	50,00	20,00	20,00	10,00	10,00
+ MGK	5,50	5,00	2,20	2,00	1,10	1,00
= MK	55,50	55,00	22,20	22,00	11,10	11,00
FEK I	10,00	10,00	3,00	3,00	1,00	1,00
+ FGK	39,00	40,00	11,70	12,00	3,90	4,00
FGK II	18,00	18,00	5,50	5,50	3,00	3,00
+ FGK	36,36	36,00	11,11	11,00	6,06	6,00
+ SEKF	1,00	1,00	0,50	0,50	-	-
= HK	159,86	160,00	54,01	54,00	25,06	25,00
+ VfGK	14,39	15,73	4,86	5,31	2,26	2,46
+ SEKVt	12,00	12,00	4,80	4,80	2,50	2,50
+ VwGK	28,77	31,47	9,72	10,62	4,51	4,92
= SK	215,02	219,20	73,39	74,73	34,33	34,88

Betriebsergebnisrechnung bzw. Kurzfristige Erfolgsrechnung

Gesamtkostenverfahren

Erlöse	7.551.801,00
+ Bestandsmehrung	86.000,00
= Betriebsleistung	7.637.801,00
- Herstellkosten der Produktion	5.186.000,00
- Vertriebsgemeinkosten	510.000,00
- Sondereinzelkosten des Vt	452.466,50
- Verwaltungsgemeinkosten	1.020.000,00
= Betriebsergebnis	469.334,50

Umsatzkostenverfahren

Erlöse	7.551.801,00
- Herstellkosten des Absatzes	5.100.000,00
- Vertriebsgemeinkosten	510.000,00
- Sondereinzelkosten des Vt	452.466,50
- Verwaltungsgemeinkosten	1.020.000,00
= Betriebsergebnis	469.334,50

Teilkostenrechnung

Kostenstellenrechnung

Heimrobo			Betriebsabrechnungsbogen				
Kostenart	Betrag	V.Schl.	Fuhrpark	Abr.vor.	Material	Fert. I	Fert. II
HiBeSt	210.000	lt. Bel.	-	-	4.500	81.800	123.700
StrWas	140.000	lt. Bel.	2.500	200	6.300	49.000	82.000
HiLohn	-	-	-	-	-	-	-
Gehälter	-	-	-	-	-	-	-
Soz.Abg.	297.200	lt. Bel.	-	-	-	95.200	202.000
Sonst. Ko.	242.200	lt. Bel.	1.000	32.100	35.800	130.500	42.800
Kalk. Abschr.	-	-	-	-	-	-	-
Kalk. Zinsen	-	-	-	-	-	-	-
Summe	889.400		3.500	32.300	46.600	356.500	450.500
UmlFuhr	-		-	100	400	2.000	1.000
UmlArb	-		-	-	-	22.300	10.100
Summe	889.400		-	-	47.000	380.800	461.600
Zuschgr					1.880.000	272.000	577.000
Ist-Zuschlag					2,5%	140,0%	80,0%

Kostenträgerstückrechnung (Kalkulation)

	Staubsauger	Kaffeemaschine	Küchenmaschine
Verkaufspreis je Stück	233,00	81,00	37,00
- Materialeinzelkosten	50,00	20,00	10,00
- Materialgemeinkosten 2,5%	1,25	0,50	0,25
- Fertigungseinzelkosten I	10,00	3,00	1,00
- Fertigungsgemeinkosten I 140%	14,00	4,20	1,40
- Fertigungseinzelkosten II	18,00	5,50	3,00
- Fertigungsgemeinkosten II 80%	14,40	4,40	2,40
- Sondereinzelkosten der Fertigung	1,00	0,50	--
- Sondereinzelkosten des Vertriebs	12,00	4,80	2,50
=Deckungsbeitrag je Stück	112,35	38,10	16,45

Betriebsergebnisrechnung bzw. Kurzfristige Erfolgsrechnung (UKV/TKR)

	Staubsauger	Kaffeemaschine	Küchenmaschine	gesamt
Umsatzerlöse	2.160.376,00	2.778.300,00	2.613.125,00	
- variable Kosten des Absatzes	1.118.666,80	1.471.470,00	1.451.343,75	
= Deckungsbeitrag	1.041.709,20	1.306.830,00	1.161.781,25	3.510.320,45
- Fixe Kosten				3.070.600,00
= Betriebsergebnis				439.720,45

Fallstudie 2

Die Allowable Costs für die einzelnen Internet Broker Leistungen errechnen sich in folgenden Schritten:

1. Allowable Costs

Jährliche Depotgebühr	60
+ jährliche Transaktionsgebühr	240
= jährliche Erlöse	300

Gewinn:

$$r_u = \frac{G}{U} \times 100$$

$$G = \frac{r_u \cdot U}{100}$$

$$= \frac{10 \cdot 300}{100}$$

$$= 30$$

Abzinsung der Einzahlungen (Erlöse) und des Gewinns (in EUR):

Periode	0	1	2	3	4
Einzahlungen (Erlöse)		300,00	300,00	300,00	300,00
erwarteter Gewinn		30,00	30,00	30,00	30,00
Allowable Costs		270,00	270,00	270,00	270,00
Einzahlungen diskontiert	993,64	277,78	257,20	238,15	220,51
Gewinne diskontiert	99,36	27,78	25,72	23,82	22,05
Allowable Costs diskontiert	894,28	250,00	231,48	214,34	198,46

2. Funktionen

F1	F2	F3	F4	F5	F6
20%	30%	20%	15%	5%	10%

3. Prozesse - Funktionen – Matrix

	F1 20%	F2 30%	F3 20%	F4 15%	F5 5%	F6 10%	Σ
P1	2,00	1,50	1,00	1,50	---	1,00	7,00
P2	2,00	6,00	1,00	0,75	0,25	1,00	11,00
P3	2,00	3,00	1,00	0,75	0,25	1,00	8,00
P4	2,00	4,50	5,00	3,75	1,25	0,50	17,00
P5	1,00	---	---	---	1,00	5,50	7,50
P6	11,00	15,00	12,00	8,25	2,25	1,00	49,50
							100,00

4. Zielkostenmatrix

	Nutzen-anteile rel. AC	abs. AC	abs. AC diskontiert t_0	t_1	t_2	t_3	t_4
P1	7,00	62,60	62,60				
P2	11,00	29,70	98,37	27,50	25,46	23,58	21,83
P3	8,00	21,60	71,51	20,00	18,52	17,15	15,87
P4	17,00	45,90	152,03	42,50	39,35	36,44	33,74
P5	7,50	20,25	67,07	18,75	17,37	16,08	14,88
P6	49,50	133,65	442,70	123,76	114,67	106,12	98,23

Für die Prozesse lassen sich neben den absoluten AC periodenbezogene AC ableiten. Die kumulierten abgezinsten AC der Prozesse entsprechen den abgezinsten AC-Anteilen der Prozesse in t_0. Zum Beispiel Prozess Aktienordner ausführen:894,28*0,11 = 98,37 (abgezinste AC * Bedeutung = abgezinster AC- Anteil in t_0). Für den einmaligen Prozess Depot eröffnen ist die Ermittlung periodenbezogener AC nicht sinnvoll, so dass für diesen Prozess der abgezinste AC-Anteil vorgegeben wird.

5. Zielkostenindizes

	rel. AC	rel. DC	Index	Kritische Prozesse	abs. AC in t_0	abs. DC in t_0	abs. AC - abs. DC in t_0
P1	7,00	7,40	0,95	tolerabel	62,60	80,00	-17,46
P2	11,00	9,20	1,20	+ kritisch	98,73	100,00	-1,27
P3	8,00	9,20	0,87	- kritisch oder tolerabel	71,54	100,00	-28,46
P4	17,00	22,60	0,75	-- sehr kritisch	152,63	245,00	-92,97
P5	7,50	4,20	1,79	tolerabel	67,07	45,00	+22,07
P6	49,50	47,40	1,04	tolerabel	442,67	515,00	-72,33

6. Beurteilung

Die Prozesse Depot eröffnen, Optionsscheinordner ausführen und Service-/Beratungsleistung Internet durchführen sind zu teuer. Zur Kostensenkung ist eine stärkere automatische Beratung statt persönliche Beantwortung von E-Mails zu empfehlen. Ein umfangreicher FAQ- Katalog mit einer intelligenten Suchmaschine kann dabei zur schnellen Lösung von Kundenanfragen und - problemen beitragen. Es muss versucht werden, weitere Kostensenkungsmöglichkeiten zu finden. Bei den Prozessen Aktienordner ausführen, Verschlüsselungstechnik anbieten besteht ein Spielraum für Funktionsverbesserungen. Beim Prozess Verschlüsselungstechnik anbieten besteht die Möglichkeit, durch weitere verbesserte Verschlüsselungstechniken dem Wunsch des Kunden nach Sicherheit mehr entgegen zu kommen. Dann sind die neuen DC- Anteile der Prozesse und die neuen Zielkostenindizes zu ermitteln.

14   Zusammenfassung – Summary

Zusammenfassung

Die Kosten- und Leistungsrechnung kann der Unternehmensführung eine Vielzahl relevanter Informationen für unternehmerische Entscheidungen liefern. Die Unterscheidung der traditionellen datenorientierten System in Vollkosten-, Teilkosten- und Plankostenrechnung ist wichtig. In der Vollkostenrechnung bilden die Ausführungen zum Ablauf der Kostenrechnung an hand der Unterteilung in Kostenarten-, Kostenstellen- und Kostenträgerrechnung einen thematischen Schwerpunkt. Mit dem System der Teilkostenrechnung sollen verschiedene Mängel der Vollkostenrechnung vermieden werden, welche auf die Zurechnungs- und Proportionalisierungsproblematik zurückzuführen sind. Teilkostenrechnungen können als Entscheidungsinstrument immer nur für Einzelprobleme und kurzfristig angestellt werden. Bei dem System der Plankostenrechnung werden geplante Kosten den Istkosten gegenüber gestellt (Kostenkontrolle). Durch die Abweichungsanalyse sollen Erkenntnisse über innerbetriebliche Unwirtschaftlichkeiten gewonnen werden. Die Kostenrechnung wird über das Einbeziehen der Leistungen bzw. Erlöse zu einer kalkulatorischen Erfolgsrechnung ausgebaut, die den kurzfristigen Betriebserfolg ermitteln soll. Auf Grund stark veränderter unternehmerischer Rahmenbedingungen hat sich in jüngster Zeit der Schwerpunkt von der standardisierten Kostenrechnung zum strategieorientierten Kostenmanagement verlagert. Kostenmanagement bezeichnet die Gestaltung der Produkte (Programme), Prozesse und Potenziale in einem Unternehmen nach Kostenkriterien. Wichtige Verfahren des Kostenmanagements sind die Prozesskosten-, Zielkosten- und Lebenszykluskostenrechnung. Die Prozesskostenrechnung kann die Schwächen in der Prozessgestaltung und der Kalkulation aufdecken, die Zielkosten- und Lebenszykluskostenrechnung können Anhaltspunkte für eine kunden- und kostengerechte(re) Gestaltung von Produkten liefern und zur Prognose der Kostenentwicklung dienen. Diese Kosteninformationen können damit wichtige Anregungen für die Formulierung von kurz- und langfristigen Strategien liefern.

Summary

Managerial Accounting provides a variety of crucial information for corporate decision making. Hereby, ist ist impotant to draw a distinction among the tradional dataoriented systems, namely absorption, direct and standard costing. By means of differentiating among the type of costs, cost centers and costs objects, absorption costing focuses on the sequential processes of cost accounting. Several shortcomings that result from cost allocation and proportioning problems are addresses in direct costing. As basis for decision making, direct costing should only be used for isolated problems and short-term considerations. Standard costing compares budgeted with actual costs (cost control). Variance analysis is used to uncover internal inefficiencies. By inkluding performance or sales parameters, cost accounting becomes a cost-based instrument, which measures short-term corporate cuccess. Due to a hevily changed corporate framework, the amphasis is more and more shifting from standardized cost accounting to strategically oriented cost-management. Cost-management is the alignment of corporate products (programs), processes and opportunities according to cost criteria. Impotant procedures of the cost opportunities according to cost criteria. Important procedures of the cost management are process costing, target costing and life cycle costing. While process costing is able uncover process related and calculatory limitations, target and life cycle costing can deliver insights for more client- and cost-oriented products and also serve to forecast cost developments. This cost information is cruical when formulating short- and long-termn strategies.

Literatur

Coenenberg, A. G., Kostenrechnung und Kostenanalyse, 5. A., Landsberg am Lech 2003

Coenenberg, A. G., Kostenrechnung und Kostenanalyse, Aufgaben und Lösungen, 3. A., Landsberg am Lech 2003

Haberstock, L., Grundzüge der Kosten- und Erfolgrechnung, 3. A., München 1982

Haberstock, L., Kostenrechnung I, bearbeitet von Breithecker, V., 11. A., Hamburg 2003

Horngreen, Ch. T., Forster, G., Dates, S. M., Cost Accounting, A Managerial Emphasis, 10. Ed., Englewood Cliffs/N.J. 1999; Kostenrechnung, 1. deutschsprachige A., München/Wien 2001

Horvath, P., Kostenrechnung, Wiesbaden 2004

Joos-Sachse, Th., Controlling, Kostenrechnung und Kostenmanagement, 2.A, Wiesbaden 2002

Kremin-Buch, B., Strategisches Kostenmanagement, 3. A., Wiesbaden 2003

Riebel, P., Einzelkosten- und Deckungsbeitragsrechnung, 7. A., Wiesbaden 1994

Scheld, G. A., Das interne Rechnungswesen im Industrieunternehmen, Bd. 4: Moderne Systeme der Kosten- und Leistungsrechnung, Büren 2000

Schmidt, A. Kostenrechnung, 3. A., Stuttgart/Berlin/Köln 2001

Schweitzer, M., Küpper, H.-U., Systeme der Kosten- und Erlösrechnung, 8. A., München 2003

Sorg, P., Kosten- und Leistungsrechnung, 4. A., Achim 2002

Zimmermann, G., Grundzüge der Kostenrechnung, 8. A., München 2001

Zimmermann, G., Grundzüge der Kostenrechnung, Arbeitsbuch 7. A., München 1999

Index

www.ingramcontent.com/pod-product-compliance
Lightning Source LLC
Chambersburg PA
CBHW081543190326
41458CB00015B/5626